중국에 축복이 임하다

량 자 린 지음
중국교회연구소 역

중국에 축복이 임하다

2013년 4월 10일 초 판 1쇄 인쇄
2013년 4월 15일 초 판 1쇄 발행

저 자 • 량 자 린
역 자 • 중국교회연구소
발행인 • 조 경 혜
발행처 • 도서출판 그리심
156-763 서울시 동작구 사당5동 196인정 B동(B01)

등록번호 • 제 7-258호(1998. 4. 23)
출 판 사 • 전화 523-7589 팩스 523-7590
홈페이지 • http://grisim.biz
전자우편 • grisimcho@hanmail.net

값: 표지 뒷면에

ISBN 978-89-5799-325-5 93230

건도신학원 량쟈린 원장

량쟈린 목사는

홍콩중문대학(中文大學)에서 문학학사,
동대학원 철학과에서 석사와 박사학위를 취득했다.
그 후 Canada Regent College에서 윤리학 석사학위를 받았다.
잡지《돌파突破》의 편집인을 지냈고, 1985년 건도신학원에 들어갔다.
이 기간, 출판부 주임, 기독교와 중국문화연구센터 주임, 학술 부원장을 역임했고,
현재는 건도신학원 원장과 유복군(劉福群)중국문화 및
역사학 석좌교수로 재직하고 있다.
20여 년 동안 중국인 신학교육에 힘썼다.
자녀로는 1남 1녀가 있다.
현재 역사 · 성경 · 신학을 주제로 60여 권의 책을 저술했고,
그 외에 다수의 논문과 수필이 있다.

저자 서문

《중국에 축복이 임하다福臨中華》가 한국어판으로 한국의 형제자매들에게 선보인다니 나에게 큰 영광이고 기쁨이다.

한국교회는 20세기에 대단한 부흥을 경험했다. 하나님께서 전쟁을 겪은 국민들에게 은혜를 베풀어 진리를 알게 하고 생명이 변하도록 하셨고, 또 사회와 민족 발전에 많은 영향을 미치도록 하셨다. 한국교회의 성장은 아시아의 자랑이요, 축복이다. 한국 교인들은 열심히 복음을 전하는 한편 많은 선교사들을 세계 각지로 보내어 선교하고 있다. 중국도 그 은혜를 입은 지역이다.

마찬가지로 1980년대 이후 중국교회도 중요한 부흥을 경험했다. 장기간 엄혹한 정치적 핍박을 통해 정권이 원래 기대했던 결과와 달리 교회는 중화대륙에 싹을 틔우고 성장하였으며 풍성한 열매를 맺었다. 이 30여 년간 교인 수는 수십 배 증가하여 1949년 100만 남짓했던 교인이 현재 수천만명에 달한다. 이 또한 하나님이 일으킨 기적이다.

한국교회와 중국교회의 부흥을 보면서 우리는 온 세상이 주께 돌아오리라 기대한다. 현존하는 갖가지 어려움, 특히 회교도와 힌두교도의 세력 확장을 보지 못해서가 아니다. 하나님의 능력을 깊이 신뢰하면서 우리의 본분을 다하고 강인하고 인자하며 굳건한 믿음을 가진다면 하나님은 광야에 길을 내시고 사막에 강물을 흐르게 하실 것이다.

우리는 아직 자신의 본분을 충분히 발휘하지 못하고 있다. 중국 교인수가 최대 1억명에 달한다 해도 중국에는 여전히 12억 명의 복음을 듣지 못한 사람들이 있다. 이는 곧 세계적으로 비기독교인 수가 가장 많은 단일국가임을 의미한다. 복음사역은 아직 본토와 해외교회의 협력을 기다리고 있다. 한국교회는 과거 약 20년 동안 중국복음 사역을 대대적으로 지원하고 많은 인력을 투입했다. 수많은 서양 선교사들도 엄두를 내지 못했던 사역을 감당하며 중국교회 건설을 위해 대단히 큰 공헌을 했다. 각종 사역 중에서도 지도자 양성은 가장 가치 있는 것으로 중국교회가 장래에 건강하게 성장하기 위한 굳건한 기초를 쌓았다.

이 소책자는 20여 년 전에 쓴 글로서 필자가 신학원과 대학교에서 중국교회사를 강의하던 시기의 강의록을 정리한 것이다. 필자는 해석 위주의 역사를 쓸 수 있기를 희망한다. 오늘날 중국교회가 당면한 문제와 출현한 현상에 역사적인 해석을 가할 수 있기를 바란다. 과거를 이해하려는 목적은 현재를 해석하는데 도움을 얻기 위함이다. 발굴하고 해결하는 문제보다는 신분과 사명을 확인하는 것이 더 중요한 일이다. 하나님께 감사한 것은 이 책이 교회와 학교에서 채택되어 현재 7판을 인쇄했고 이미 저작권과 관계 없는 전자도서판이 있어 중국 교인들이 자유롭게 구할 수 있다. 한국의 형제자매들은 자신들의 모국어로 이 책을 읽게 됨으로써 민족과 문화를 초월한 사상적 상호작용을 만들어내고 아시아교회의 미래 발전 방향을 함께 찾게 될 것이다. 이는 바로 하나님이 기뻐하는 일이다. 사람들이 이 책을 읽는다면 그들의 섬김의 방향을 정확하게 인식하게 될 것이고 선교사역을 위해 헌신하게 된다면 하나님께 더 감사할 따름이다.

나는 한국교회가 본토연구와 중국연구 등에서 많은 업적이 있다는 것을 알고 있다. 언어적 장애로 그것들을 배우지 못해 안타까울 뿐이다. 누군가 이런 문화적 매개체가 되어 사상과 경험을 교류할 수 있도록 만들어 주기를 기대한다. 삼가 이 책을 번역한 양현 선생에게 경의를 표하며 그의 노고에 감사를 드린다. 역자는 저자와 버금가는 노력을 더했을 것이기 때문이다.

오직 복음이 중화대륙과 한국, 그리고 온 세상에 편만해지기를 바란다.

량쟈린

2013年 1月 30日

역자서문

이 책이 출판되기를 오랫동안 간구해왔다. 하나님께 감사드린다.

이 책은 애초부터 출판을 의도로 번역되지는 않았다. 몇 년전 역자는 중국교회를 연구하는 선교사로 파송받아 중국교회연구소를 설립하여 한국인 선교사 10여 명과 함께 공부모임을 시작했다. 중국기독교사를 첫 주제로 삼았고 이 세미나에 적합한 교재로 《중국에 축복이 임하다福臨中華》를 선택했다. 이후 선교사들의 시간을 절약하는 차원에서 한글번역본을 제공하게 되었고 시간이 쌓이면서 완역되어 출판되기에 이른 것이다. 세미나를 진행하면서 이 책은 선교사들에게 매우 유익한 영향을 끼쳤다. 우리는 이 책의 목차에 따라 1년간 10번의 세미나를 거치면서 중국 사역을 위해 반드시 알아야 할 기독교의 역사적 사건들을 심도 깊게 알게 되었고, 각 주제를 따라가며 선교사들 각자의 사역 현장에서 겪은 경험들을 나누고 평가하는 기회를 제공받았다. 경험이 풍부한 선교사는 사역하며 얻었던 성공과 실패의 결과를 역사에 비추어 정리할 수 있는 시간이 되었고, 그들은 갓 선교사로 파송받은 신참 선교사와 허심탄회하게 사역 경험을 나눔으로써 시행착오를 줄일 수 있는 지식을 전달할 수 있었다.

중국기독교사를 다룬 책은 이미 한국에서 여러 권 출판되어 많은 독자에게 읽혀졌다. 그럼에도 불구하고 새로 중국기독교사를 다룬 책을 심지어 번역출판하는 것에 의아해 하는 분들도 있을 것이다. 하지만 이 책을 출판하는 유일하고 특별한 이유가 있다. 그것은 대부분 기존의 책들이 중국기독교사라는 건축물의 골조를 세우는 내용으로 쓰여졌다면 이 책은 그 골조를 더욱 알차게 메우는 내용으로 서술되어 있기 때문이다. 기존서들이 큰 주제와 사건 위주의 서술로 독자가 중국기독교사에 대해 쉽게 전체적인 큰 그림을 그릴 수 있도록 해준다면 이 책은 동일한 주제를 사용하면서도 중국인의 정서로 중국기독교사를 해석하는 측면이 많다. 독자들에게 사건의 발단과 결과를 친밀하게 드러내고 예리하게 정곡을 찔러 설명하고 있다. 따라서 기존서와 본서가 조화롭게 읽혀지기를 바라는 이유가 되기도 한다.

이 책을 출판하면서 감히 하고 싶은 말이 있다.

겨우 5~6년 전과 비교하더라도 중국은 정치 · 경제적으로 많은 발전을 이루었고, 중국인들의 경제사정이 부유해지는 등 사역환경에 많은 변화가 있다. 반면 선교사들은 상대적으로 많이 위축되는 상황에 놓이게 되었다. 개혁개방 이후 약 30여 년간 중국교회가 급속도로 발전하면서 더 이상 선교사가 필요치 않은 환경으로 발전한 게 아닌가 하는 회의가 생겼고, 현재 중국선교에 대한 관심이 사그러드는 한국교회와 중국의 경제발전과 물가상승으로 경제적 강자에서 약자로의 전환 등 박탈감이 적지 않기 때문이다.

하지만 역자의 사역 특성상 많은 지역을 여행하면서 경험해 본 바로는 아직도 선교사를 필요로 하는 지역과 교회가 전국 도처에 널려 있다. 중국의 교인수를 보수적으로 보면, 여전히 전체 인구비율 약 3%정도인 4500~5000만명 정도에 불과하고 나머지 십 수 억의 인구가 복음을 기다리고 있다. 또 상당수의 기독교인이 동해 연안지역에서 생활하고 있어 중부와 서부, 그리고 북부 등 내륙의 많은 지역이 교회가 세워지고 복음이 전해지기를 바라는 황금어장이다. 결국 우리가 사역에 임하면서 어떻게 준비하고 지혜롭게 복음을 전달하느냐가 발앞에 놓인 급선무이지 주변환경의 영향으로 좌절할 시점은 아닌 것 같다. 중국영혼들이 선교사들을 필요로 하고 있으니 더욱 힘내서 사역하고 함께 기도를 바란다.

감사할 분들이 많다. 따뜻하게 맞아주시고 번역출판을 흔쾌히 허락해주신 저자 량자린건도신학원 원장님과 중국교회연구소를 여러 모양으로 도와주신 모든 분들께 감사드린다.

이 책이 중국기독교에 대한 이해를 진작시켜 선교사역에 좀더 도움이 되기를 바라고, 한국교회의 중국선교에 대한 관심이 보다 많아지기를 소망한다.

2013년 2월

중국교회연구소

목 차

제 10강 항전 · 내전 그리고 개조(1937~1957)

제 1 강

과거 세 차례 중국 전파에 대한 검토

19세기 초, 개신교 선교사가 그리스도의 복음을 들고 중국에 온 것이 최초의 중국선교는 아니었다. 넓은 의미에서 기독교가 중국의 문을 두드린 것은 도합 네 차례였다. 당대의 경교, 원의 예리커원교, 명말 청초의 천주교를 포함한 모두 네 차례의 중국선교는 상호 연속적이거나 계승된 관계가 아니었다. 바꿔 말하면 이전 세 차례의 중국 선교는 중국 복음화라는 목적에서 보면 모두 실패했다고 말할 수 있고, 네 번째 시도도 성공적으로 보기 어렵다. 다시 '중국복음화'의 원대한 이상적 관점에서 보면, 기독교가 수 차례에 걸쳐 전파되었으나 각종 문화적 · 정치적 문제에 봉착해 억압당하고 중단됨으로써 복음이 중국의 토양 위에 아직 완전히 뿌리를 내리지 못했다고 할 수 있다.

그렇다면 수 차례의 실패경험은 무엇을 의미하는가? 과거 세 차례에 걸친 중국선교역사가 개신교의 네 번째 중국선교에 남긴 역사적 부담은 무엇이고, 복음의 씨앗을 어떤 토양에 뿌릴 것인가? 이런 질문이 첫 강의에서 해결해야 할 과제이다.

1. 당대 경교唐代景教

기독교가 제1차로 중국에 전파된 것은 당대의 경교이다.

경교는 대체 무엇인가? 교회사에 문외한 사람들을 위해 여기서 간단하게 설명하겠다. 경교의 원래 명칭은 「네스토리우스파Nestorianism」로 '네스토리우스의 추종자들' 을 의미한다. 네스토리우스는 서기 5세기경 콘스탄티노플의 대주교였다. 그의 신학사상은 그리스도의 인성이 완전하다는 점에 역점을 두었다. 그리스도의 인성은 동시에 그가 신이고 또 완전한 신성을 가졌으므로 결함이 있을 수 없고, 인성적 기능이 신성의 영향으로 모호해 지거나 가려지지 않는다는 것이다. 네스토리우스는 그리스도가 완전한 신성과 인성을 가졌다는 점에 대해 조금의 의심도 갖지 않았지만 신성과 인성의 양성兩性이 일위一位의 그리스도 몸에 어떻게 결합하느냐의 문제를 두고 해결하기 힘든 문제를 야기시켰다. 특히 그리스도의 인성부분의 독립성을 지나치게 강조하여 사람들이 그리스도가 이위일체二位一體와 같다고 오해하게 했다. 이런 기독론에 기초하여 네스토리우스는 당시 교회에서 유행하던 마리아를 하나님의 어머니로 칭하는 것에 반대하였다. 마리아는 단지 보통사람일 뿐 하나님의 어머니라 할 수 없으며, 그녀는 단지 예수의 인체와 인성의 어머니에 불과하다고 주장했다. 이런 마리아의 지위에 대한 견해는 당시 일반교인의 마리아 숭배와 자연히 큰 차이가 있었으므로 네스토리우스를 반대하는 목소리가 많았다. 더욱이 그와 대적하던 알렉산드리아의 주교 키릴로스는 교구간의 경쟁에서 상대를 압박하기 위해 종종 비열한 수단을 사용하며 그를 헐뜯고 모함했다. 결과적으로 네스토리우스는 에페소스공회에서 이단 판정을 받아 교적에서 제명되었다. 그러나 매우 아이러니한 것은 수 십 년간의 교권과 정권이 대립하고 충돌하는 과정에서 네스토리우스는 교회 밖으로 쫓겨나고 키릴로스는 로마가톨릭교회에 의해 성인으로 봉해지긴 했지만, 오히려 네스토리우스의 신학사상은 대부분이 정통으로 인정된 반면, 키릴로스의 사상과 그 제자들은 이단으로 판정되어 결국 「그리스도 일성파一性派」[1] 로 분열되었다는 점이다.

여하튼 네스토리우스는 교적에서 제명되고 끝내 유배되어 사망하였다. 그의 교인들과 추종자들도 가톨릭교회를 떠나 동방의 페르시아波斯제국으로 이주하여 기반을 마련하기에 이르렀다. 또 각지에서 더욱 적극적으로 선교했다. 그들의 선교영역은 매우 광범위하여 대주교구보다 교회를 더 많이 설립하였고, 13세기에는 로마교회와 그리스 동방교회보다 더 번성했다. 중국은 아주 일찍부터 네스토리우스파의 선교 목표가 되었다.

서기 635년, 페르시아의 네스토리우스파 선교사 알로펜Olopen이 장안으로 온 시기는 당 태종의 정관 9년이었다. 당 태종은 종교에 매우 관용적인 정책으로 이질적인 외래 종교의 중국 전파를 용인했고, 경교도 예외는 아니었다. 태종은 재상 방현령을 장안 서쪽 교외까지 보내 알로펜을 극진히 대접했을 뿐만 아니라 알로펜의 성경번역을 적극적으로 도왔다. 또 경비를 지원하여 장안長安의 의녕지역義寧坊에 예배당을 짓고 예배와 선교 용도로 사용하도록 했다.

네스토리우스파가 중국에 들어온 초기에는 페르시아에서 전래했다는 연유로 '파사경파波斯經派' 로 칭하고, 예배당은 '파사사波斯寺'로, 선교사

1) Monophysitism

또한 '파사승波斯僧'으로 불려졌다. 하지만 7세기 페르시아제국이 이슬람교를 신봉하는 아랍세계에 정복된 후, 중국에 있던 선교사들은 '파사교'의 명칭을 계속 사용하는 것이 불편하여 당시 중국황제였던 현종에게 개명을 요청했다. 천보天寶 4년(745년), 현종은 '대진교大秦敎'로 개명하도록 허락했는데, 기독교가 일찍이 대진(로마)에서 기원했다는 것을 의미했다. 하지만 후세 사람들이 중국의 네스토리우스파를 '경교'라고 부른 이유는 불분명하다.

대진경교유행비大秦景教流行碑의 비문에 "경교의 도리는 오묘하여 이름하기 어렵고, 효용이 분명하여 어쩔 수 없이 경교라 이름한다"고 기록되어 있다. 하지만 대체 어떤 효용이 분명하다는 것일까? 교리인지, 선교효과인지, 아니면 종교기능인지 명확하지 않다. 또한 당의 백성들이 무리하게 네스토리우스파를 경교라고 부른 것인지 아니면 네스토리우스파 스스로 그 종교의 함축된 의미를 의역하여 경교라고 부른 것인지에 대해서도 여기서 확정할 수 없다. 아무튼 경교비가 발견된 후부터 현재까지 일반 학자들은 모두 습관적으로 경교라고 부르고 있다.

경교는 당 태종 정관 9년 중국에 들어온 후, 14대 황제 무종武宗에 이르기까지 214년간 중국에서 전파되었다. 측천무후가 집권하던 반 세기 동안 당했던 핍박을 제외하고 대체로 조정의 환대를 받았다. 특히 태종과 고종, 현종 등이 집권하던 시기에는 경교에 많은 특혜가 있었다. 조정은 경교의 중국 교구 내 대주교를 '진국대법왕鎭國大法王'으로 책봉하고 많은 하사품을 내렸다. 이같은 정치환경에서 경교는 많은 발전을 이룰 수 있었는데, 비록 경교비에서 말하는 것처럼 "법이 10도에 유행하고…사원이 100개 성에 가득"하지 못했더라도 장안성 이외의 일부 지방에 경교 예배당이 세워졌다는 것은 의심할 여지가 없다.[2)]

그러나 이 200여 년 동안의 전파 시기에 도대체 얼마나 많은 중국교인이경교에 입교했느냐의 문제는 염두에 두어야 할 대목이다. 적어도 경교비와 돈황석굴에서 발견된 경교 관련 문헌자료에 실린 성직자敎士 명단에 한족漢人이 전무하다는 점은 중국 교인이 모든 교회내의 주요직무를 담당한 적이 없었던 것으로 간주할 수 있다. 또 간접적으로 경교가 중국에 전파되어 경교비가 건립될 때까지 150년간 대체로 외국 선교단체로부터 인력과 재정을 지원 받았던 교회였음을 설명하고 있다. 중국 국적의 교회 지도자가 많지 않았고, 양교洋敎의 이름과 색채가 매우 농후했으므로 자연히 토착화도 불가능했다.

덕종 건종建宗 2년(781년), 경교 교사 경정景淨은 그 부친 이사伊斯의 경교에 대한 공헌을 기념하고, 또 중국 150년간의 경교의 전파 역사를 기술하기 위해 거대한 석비를 세워 '대진경교유행중국비' 라고 불렀다. 당 무종武宗이 종교말살령을 내린 후, 경교도들은 이 석비를 땅에 묻었고, 명 천계天啓 5년(1625년)에 이르러서야 후세 사람들에게 발견되었다. 비문은 모두 1900여 글자로 거기에는 경교의 기본신앙과 예배의식, 도덕교훈, 또 경교의 중국 전파와 조정과의 관계에 대한 경과 기록을 간단히 소개했다. 이것은 20세기 초, 감숙성 돈황석굴에서 발견된 7종류의 경교 문헌과 함께 경교 역사를 연구하는 중요 자료가 되었다.

무종 회창會昌 5년(845년), 경제 · 종교적 이유로 모든 외래종교를 말살할 것을 명했다. 주된 타격대상은 불교였지만 경교도 연루되어 예배당이 훼파되고 교회 재산도 몰수되었으며, 성직자도 환속되었다. 이 충격으로 비록 경교가 중국에서 곧장 쇠망하지는 않았지만 기세가 한풀 꺾이는 계

2) "모든 주에 경사를 각각 세웠다", "숙종은 문명 황제로서 영무靈武 등 5군에 경사를 중건했다."

기가 되었다. 그 후 또다시 황소黃巢의 난과 당 멸망을 겪으면서 경교는 중국에서 거의 사라졌고, 단지 북방 민족 중에 약간의 신봉자만 남았을 뿐이었다. 경교의 당조 전파 역사는 여기서 일단락을 고했다.

2. 원대 예리커원교元代 也里可溫教

기독교의 2차 중국 전파는 원元의 예리커원교이다. 예리커원은 몽고어로 히브리어 엘로힘Elohim의 음역이다. 바꾸어 말하면, 예리커원은 '하나님교' 혹은 '하나님을 믿는 사람'의 의미로서 원대 몽고인의 기독교인에 대한 통칭이다.

원대의 예리커원은 네스토리우스파의 경교와 로마천주교를 포함하였다. 앞에서 이미 언급했던 당 멸망 후, 경교는 중국에서 점차 소멸되었지만 중국 변방의 일부 소수민족 중에는 여전히 존재했고, 심지어 모든 부족민의 공동신앙이 되었다. 예를 들면, 몽고족의 크릴克烈과 나이만乃蠻, 미에리치蔑里乞와 왕구汪古 등 부락과 위구르족 등은 모두 경교를 믿었다.

몽고 각 민족은 13세기에 징기스칸이 통일하여 하나의 강대한 군사세력으로 결집되었다. 신속하게 유럽과 아시아를 정복하여 서쪽으로 곧장 러시아와 폴란드, 헝가리까지 공격하였고, 동쪽으로는 연달아 서하西夏와 금金, 남송까지 멸망시키고 역사상 공전의 대제국을 건설하였다. 몽고인에게는 자신들의 원시 종교신앙이 있었지만 문화수준이 높지 않아 종교적 배타성이 강하지 않았다. 더욱이 제국의 영토가 광대하고 통치해야 하는 민족이 많았으므로 종교관용정책을 실시함으로써 제국에는 다양한 종교가 전파될 수 있었다. 이로 인해 경교도 중국 본토에서 부흥하기 시작했다.

당시 중국 본토에서 유행했던 경교는 예전부터 믿었던 몽고인과 위구르인 외에도 적지 않은 교인이 있었는데, 조정이 고용한 관원과 색목인[3]이 바로 그들이었다. 그들은 몽고제국의 천도를 좇아 허린和林에서 한바리汗八里(베이징)로 이주해 왔고, 한바리는 경교도가 많이 밀집된 곳이었으므로 교회당과 교인 수도 많았다. 다른 지역도 몽고인과 색목인의 이주를 좇아 경교가 함께 들어갔다. 원대 중국 본토에는 경교 역사에 있어서 매우 중요한 두 인물이 있었는데, 한 명은 수도사 바 사우마Bar Sauma 혹은 라반 사우마Rabban Sauma이고, 다른 한 명은 사우마의 제자 산시山西 커샹科尙 출신 마르코스Markos로 둘 다 위구르인이었다. 1278년, 그들은 예루살렘으로 성지 순례를 하기로 맹세하고 서행하여 다포스와 바그다드를 거쳐 최종적으로 말라가로 갔고, 그 곳에서 경교의 최고지도자인 대총관Patriarch 마르 덴하Mar Denha를 알현했다. 바소우마와 마르코스는 전쟁으로 길이 막혀 예루살렘에는 가지 못했지만 귀향길에 마르 덴하가 사망하자 마르코스는 동방교회의 대총관에 임명돼 야바라하Yaballaha 3세가 되었다. 바 소우마도 몽고가 통치하던 페르시아의 서역 왕 아르후 칸Arghou Khan과 야바라하 3세를 대표하는 사신으로 유럽에 갔다. 콘스탄티노플의 동로마 황제와 로마교황, 영국과 프랑스 등 유럽 국가의 국왕들을 알현하고 동·서양이 연합하여 회교도로부터 예루살렘을 회복하자고 건의했지만 결실은 맺지 못했다.

원대에 경교도가 증가한 것은 변경의 소수민족과 서역에서 전래된 것으로서 종전 당대에 중국 본토에 전파되었던 경교와는 전혀 관계가 없었다. 말하자면 네스토리우스파의 제 2차 중국 전파라고 할 수 있다.

경교가 몽고와 동방의 부족 중에 성행한다는 소식이 일찍이 12세기에

---

3) 서역과 기타국가, 그 중 많은 사람들이 경교를 신봉했다. 특히 카프카스에서 온 아란인Alani이 있었다.

유럽으로 전해져 '장로 요한왕Prester John'의 전설이 넓게 퍼뜨려지는 계기가 되었다. '장로 요한왕'의 전설은 동방에 요한이라는 기독교를 믿는 왕이 있는데 사제장이자 속세의 군왕으로서 세력이 대단했다는 것이다. 당시 유럽의 기독교 국가는 회교도와의 전쟁에서 고전 중에 있었고, 교황과 일부 국왕들은 동방의 장로 요한왕과 연합하여 협공을 해야만 중간에 갇힌 회교도를 물리칠 수 있다고 생각했다. 더욱이 그 때, 어떤 이가 장로 요한왕의 서명을 위조한 서신을 유럽의 각 기독교 국가의 국왕들에게 발송하여 공동으로 예루살렘을 수복하자고 요청했다. 이 서신은 종교 · 정치적으로 엄청난 파란을 일으켰다. '장로 요한왕' 전설의 유행은 로마 교황이 동으로 사신을 파견하는 원인이 되었다.

로마 천주교 교황청과 중국의 정식 접촉은 13세기로서 유럽이 혼란한 상황에 빠져 있었던 시기였다. 교황과 게르만의 신성로마황제의 권력쟁탈전과 국왕들간의 배척과 시기가 워낙 심각하여 수차례에 걸친 십자군 조직에도 불구하고 동유럽에서 날로 팽창하는 회교세력을 소멸하지 못하고 있었다.

몽고의 대군이 동방으로부터 파죽지세로 서양을 침략해 오고 있다는 소식이 전해진 후, 교황과 유럽 각국의 국왕들은 걱정과 기쁨이 반반이었다. 걱정은 몽고가 회교도를 계승하여 기독교 세계의 무서운 적이 될 것이라는 두려움이었고, 기쁨은 앞에서 말한 '장로 요한왕'의 전설이 아직 잔재하고 있어서 만약 몽고인이 정말로 기독교를 신봉한다면 그들이 몽고군과 연합하여 회교도를 협공할 수 있다는 것이었다. 이에 교황청은 몽고의 의중을 알기 위해 1245년과 1253년에 프란체스코수도사 플라노 카르피니John of Plano Carpini와 루브룩William of Rubruck을 몽고의 옛 수도 허린으로 파견하여 정종과 헌종을 방문하도록 했다. 그들은 몽고의 칸이 예상했던 것과 달리 기독교인이 아님을 알게 되었고 연합계획은 수포로 돌아갔다. 하지만 그들은 몽고 조정의 왕공 대신 중에 적지 않은 경교도가 존재한다는 사실을 알게 되었다. 이는 로마가톨릭교회가 이단으로 간주했던 네스토리우스파를 통해 기독교가 중국에 전파되었다는 것을 의미하는 것이었다.

1269년, 원 세조 쿠빌라이는 두 사신에게 허린에서 유럽으로 돌아가는 이탈리아 상인 폴로Polo 형제를 위탁하고 옥쇄가 찍힌 서신을 교황에게 보내, 교황이 100명의 7예藝[4]에 통달한 선교사를 중국으로 보내줄 것을 요청하였다. 만약 기독교가 다른 종교보다 더 우수하다는 것을 증명한다면 몽고의 통치계층과 신하와 백성들은 모두 기독교로 개종할 것이라고 말했다. 쿠빌라이는 그들이 예루살렘 예수묘 위에 놓인 등불의 성유를 조금 가져온다면 그가 예배를 잘 드릴 수 있을 것이라고 요구했다. 폴로 형제 두 사람은 명령을 듣고 유럽으로 돌아가 교황을 알현했다. 교황은 서신 답장과 도미니카수도사 두 명을 그들과 함께 중국으로 파견했으나 안타깝게도 두 수도사는 중도에 돌아가고 말았다. 하지만 폴로 형제와 그 중 한 사람의 아들 마르코 폴로는 마침내 중국에 돌아왔다. 이것이 교황과 중국의 첫 선교적 접촉이었으나 실패하고 말았다.

천주교가 명실상부하게 중국에서 선교를 처음 시작한 시기는 원 26년(1289년)이었다. 교황 니콜라스 4세가 프란체스코 수도사 몬테코비노를

---

4) 『마르코폴로여행기』에는 7예(문법, 논리학, 수사학, 산학, 기하학, 음악, 천문학)의 내용이 기재되어 있지 않다. 이는 펑청쥔馮承鈞의 중역본 중세기 서양의 학술 분류를 근거로 보충한 것이다. 쿠빌라이의 원래 요구는 대체로 박학다식한 인물이라고 광범위하게 제시한다. M. Polo, *The Travels of Marco Polo*, trans. And intro. By John Masefield, (London, J. M. Dent & Sons, 1908), p.15; 馮承鈞本則參考商務, 民26년, 上册, p.19.

교황청 사절로 중국에 파견하여 1294년 수도에 도착했고, 중국 거류와 선교가 승인되었다. 몬테코비노의 선교사역은 비록 일부 경교도의 방해가 있었지만 대체로 순조롭게 전개되었고, 예배당과 교인 수도 증가하였다.

1307년, 교황 클레멘트 5세는 몬테코비노를 북경 총주교로 임명하고 거란과 중국 남부의 교회업무를 관할하도록 했으며, 또 더 많은 수도사를 파견하여 그를 돕도록 했다. 몬테코비노는 중국에서 34년간 선교했고 1328년에 사망했다. 당시 중국의 천주교도 수는 이미 일만 명 이상으로 북경 외에는 주로 췐조우泉州에 집중되어 있었다.

몬테코비노 이후 교황은 계속해서 북경 총주교를 임명했으나 실제로 중국에 부임해 온 수도사는 없었다. 그러나 교황청과 원 정부는 여전히 단발적인 왕래를 가졌고, 원 순제가 교황 베네딕트 12세에게 사신을 보내자 교황도 사절단을 중국에 파견했는데, 그 중 한 사람이 마리놀리John of Marignolli이다. 그는 1342년 북경에 도착하여 삼 년을 체류하다가 췐조우를 거쳐 귀국했다. 그의 기행문에 따르면, 원 정부는 천주교에 매우 관용적이었고, 황제는 교황이 중추적인 인물을 중국에 파견하여 총주교를 담당할 것을 희망했다. 중국교회의 상황을 보면, 북경에 몇 개의 교회당이 있었고, 교역자들의 생활비는 모두 황제가 공급하여 매우 풍족하게 지냈다. 췐조우에는 세 개의 천주교회가 있었고, 중국 전체 교인의 수는 대략 삼만 명으로 추산된다.

중국 천주교도의 대다수는 카프카스에서 온 아란인[5]이었다. 그들은 몽고인과 함께 중국에 들어와 조정에서 요직을 담당하였다. 또 그들의 영향으로 원의 황제들은 천주교를 우대하여 거금의 기부금 외에도 수도사들

5) 원대에 색목인으로 부름

이 불교도에게 전도할 수 있도록 허락하였다. 천주교의 유일한 보답은 전통종교의 기능과 마찬가지로 황제의 건강과 장수를 기원하는 것이었다. 교황청이 중국에 파견한 선교사는 소수에 불과하여 교회가 직접 현지인 성직자와 중국에 체류하는 프란체스코 수도사들을 훈련시켰을 것이다. 하지만, 이 삼만 명의 천주교도 중에 한족이 얼마나 포함되어 있었는지에 대한 의문이 남는다. 적어도 1368년 명이 원을 이어 중국을 장악했을 때, 몽고인과 아란인 교인이 모두 중국 본토를 떠나면서 천주교도 신속히 그 자취를 감추었기 때문이다. 천주교의 소멸은 매우 자연스런 현상으로, 어떤 정치적인 박해의 결과가 아님에도 불구하고 소멸한 것은 잔존했던 한족 교인의 수가 많지 않았다라고 밖에 말할 수 없다.

원의 예리커원교가 경교냐 천주교냐에 관계없이 교인이 대부분 비한족으로서, 당시 한족을 통치하던 몽고인과 색목인, 그 밖의 외래 소수민족이었다는 점은 매우 중요한 의미를 가진다. 그들 대부분은 매우 부유했으며 정치권력을 소유한 통치계급이었다. 종족에 따라 극도로 차별되고 억압되었던 원대 사회에서 몽고인과 한족은 심하게 대립하는 양상이었다. 만약 경교나 천주교가 통치계급의 신앙으로 인식되었다면 한족의 개종을 폭넓게 이끌어낼 수 없을 것이라고 자연스럽게 추측할 수 있다. 대체로 이 이유를 기독교의 제2차 중국 전파가 뿌리를 내리지 못했던 원인으로 보고 있다.

3. 명청明清천주교

기독교 제3차 중국 전파는 16세기 천주교 예수회에 의해 처음 개척되었다.

예수회는 16세기에 새롭게 설립된 천주교 수도회였다. 종교개혁운동이 교리와 신앙 측면에서 심각한 충격을 가하자 기독교 세계는 여러 개의 다양한 진영으로 분열되었다. 로마교황청의 세력이 크게 쇠퇴하게 되고, 교회 내부의 갖가지 부패와 죄상이 종교개혁운동에 의해 철저하게 폭로되자 개혁을 더 이상 미룰 수 없게 되었다. 예수회는 신흥 수도회로서 때마침 이 개혁에 필요한 참신한 기운을 불어 넣는 역할을 했다. 학술연구를 장려하고 천주교회에 반대하는 이단에 적극적으로 대항했을 뿐 아니라 해외선교사역을 급속도로 발전시켰다. 예수회 창립자 이그나티우스 로욜라를 추종했던 프란체스 사비에르Francis Xavier는 수도회가 설립된 지 20년 만에 중국복음화의 문을 두드리게 되었다.

예수회의 역사와 정신은 중국역사연구에 중요한 의의가 있지만 지면관계로 여기서 모두 설명하지 않는다. 여기서 특별히 지적할 점은 초기 규정이 완전히 갖춰지지 못했음에도 불구하고 예수회의 수도사 훈련과 준비는 대단히 엄격하여 실습을 포함해서 총 15년 동안 준비했고, 학습내용도 성경과 신학을 넘어 자연과학과 인문학을 포함하고 있었다. 이는 중국에 온 대부분의 예수회 수도사들이 학문과 분별력이 대단히 우수했고 그 영향력도 상당했다는 점을 말해 주는 것이다.

여러 선각자들의 실패 경험 위에 천주교를 중국에 성공적으로 이식한 최초의 인물은 마테오리치MatteoRicci였다. 그는 발리나노AlessandroValignano와 루기에리Michele Ruggieri를 이어 세 번째로 중국 땅을 밟은 예수회 수도사이다. 마테오리치는 1583년 자오칭肇慶에 도착하여 그 곳에서 사역하다 1601년에 북경으로 옮겼다. 당시 중국에서 천주교 전파는 자유로웠다.

마테오리치와 다른 예수교 수도사들은 중국문화 특히 유가를 비롯한 중화민족역사와 관련된 것들을 깊이 있게 이해했다. 중국인과 효과적으로 접촉하려면 반드시 중문과 중국고대 성현의 고전을 숙지해야만 했다. 그렇지 않으면 중국사회에서 가장 영향력 있는 지식 · 통치계급에 접근할 수 없었다. 따라서 마테오리치는 유가의 의복을 걸치고 최선을 다해 중문을 공부하며 학식 있는 인사들과 관계를 맺으려고 노력했다. 그들은 공자를 존중했고 기독교가 공자학설과 크게 다르지 않아 상호 보완할 수 있다고 믿었다.

마테오리치는 당시 지식계에서 유행하던 송대 명리학이 폐쇄적이고 자족적인 우주생성론과 형이상학을 수립하여 유신론 사상을 수용하기 어려울 것으로 이해했다. 그래서 그는 선진유가를 적극적으로 거론하고 원시 고전 중의 '天' 의 관념을 인용하여 중국인은 원래 위격이 있는 신관을 믿었다는 것을 증명했다. 이는 선진유가로 송 · 명 유가를 압박하고자 하는 것이었다. 그는 중국문화에 대해서 도전적으로 긍정적인 태도를 취하지는 않았다. 불교와 도가 등의 미신에 대해 극구 반대하는 것은 물론, 원시유가 자체의 결점과 불완전성 또한 간파해냈다. 하지만 그는 기독교 신앙이 중국문화의 부족한 점을 보완하기에 안성맞춤이라고 믿었다. 그의 최종 목적은 기독교가 '유가와 합하고(合儒)', '유가를 보완하며(補儒)', '유가를 뛰어 넘는(超儒)' 것이었다.

마테오리치는 기독교를 중국문화와 융합시키려는 노력 외에도 중국인에게 서양의 과학기술과 사상을 적극적으로 전파했다. 중국인이 서양문화와 기독교에 흥미를 가지도록 했고, 중국의 지식층에게 '서유西儒, 즉 선교사' 의 지혜와 학문수양을 과시하여 자신들의 사회적 지위와 영향력을 제고시키려 했다. 이에 대해 일부 후세 학자들은 마테오리치를 비롯한 예수회 수도사들이 중국에 전수한 것은 '신식新式' 이 아니라 대부분의 자연과학지식은 단지 그리스의 우주론과 중세기 신철학지식론에 불과했을 뿐, 진정한 '근대(16세기)' 에 유행하는 것이 아니라고 지적하기도 한다. 따라서 예수회 수도사의 중국근대화 공헌은 실제로 과장된 것이라 생각한다. 하지만 중서문화교류 측면에서 그들이 미친 작용이 명말 · 청초 중국지식인들의 과학기술연구를 자극했다는 사실조차 부인할 수는 없다.

1610년, 마테오리치가 사망했다. 예수회의 후임 수도사들은 대부분 그의 선교방법을 계승하여 중국의 고유문화를 침해하지 않는 선에서 백성들이 기독교 신앙을 받아들이도록 했다. 그들 중에 마테오리치처럼 재능과 학식이 출중한 수도사는 많지 않았지만, 1622년 중국에 와서 중국역법 개정을 도운 요한 쉬렉Johann Schreck과 아담 샬Adam Schall은 특출한 인물들이었다. 쉬렉은 일찍 세상을 떠났으나 아담 샬과 후임 수도사들의 노력으로 1634년 새로운 만년역萬年曆을 성공적으로 편찬 · 개정하여 중국황제에게 헌상했다. 이 역법은 계속해서 청 말까지 사용되는 매우 대단한 업적으로 평가할 수 있고, 이 공로로 아담 샬은 선교사로서는 처음으로 황실 천문대 대장 흠천감정欽天監正에 임명되었다.

중국 천주교는 예수회 수도사의 분투 속에 공전의 발전을 이루었다. 선교 근거점이 샤오조우韶州, 난창南昌, 난징南京, 베이징北京의 네 도시에서 출발하여 다른 성으로 확대되었고, 교인 수는 부단히 증가하여 명 멸망시기(1644년)에는 이미 10만 명을 넘어섰다. 그 중 황실사람과 조정대신, 지식인들이 일부 있었는데, 그 중에 쉬광치徐光啓와 리즈자오李之藻가 대표적인 천주교 교인이었다. 그들의 천주교로의 개종은 천주교의 사회적 지위 향상에 큰 도움이 되었다.

사실 천주교가 중국에서 전해지는 과정은 순조롭지만은 않았다. 초기 중국 체류 합법화 과정에서 발생했던 어려움 외에도 1606년 중국 예수회 수도사 황밍사黃明沙의 순교를 시작으로 천주교는 여러 차례 박해를 받았다. 그 중 가장 심각했던 박해는 만력 44년(1616) 남경 예부시랑 심관(沈灌)이 일으킨 〈남경교안南京教案〉이었다. 그러나 이런 공격들은 예수회 수도사들의 지혜와 인내로 원만하게 해결되었고 장기적으로 영향을 끼치지 못했다. 또 마테오리치 등이 처음부터 조정과 양호한 관계를 유지하면서 유가를 존중하는 방법을 확립하고 있었으므로 조정이나 정통사상의 압박을 최소화 할 수 있었다. 반대자들은 다만 심관처럼 자신의 이권을 침해당한 부류와 불교 · 도교 등 교인의 소란 정도였다. 하지만 그들은 중국의 주류세력이 아니었던 관계로 부정적인 국면을 일으키지는 못했다.

명 황실의 존립이 점차 쇠락해짐에 따라 예수회 수도사들은 중신 쉬광치 등의 건의로 서양 대포를 구입하고 유럽 각국이 명 황실을 원조하도록 도왔으나 안타깝게도 성과를 보지 못했다. 청의 입관入館과 이자성의 반란으로 숭정제崇禎帝가 자결하고, 뒤를 이어 영력제永曆帝가 천주교도였던 신하 취셔스瞿式耜의 추대를 받아 쟈오칭에서 즉위하게 되었다. 이런 연유로 영력제 제위 시기, 조정과 궁중에는 천주교도가 증가하였고, 예수회 수도사들의 궁중 출입이 허가되어 후비와 황태후 · 황후, 심지어 황태자를 전도하여 세례와 입교를 베풀었으며 영락제도 미사에 참석하게 되었다. 중국 전역이 천주교로 개종하기를 희망하는 정권을 보전하기 위해 예수회 수도사들은 수도사 보임Michael Boym을 명 조정의 특사로 유럽에 파견하여 교황과 각국의 군주들에게 도움을 요청했고, 영력제의 황태후도 교황에게 서한을 보냈다. 하지만 유럽이 어떤 원조도 제공하지 않음으로써 명 멸망의 운명을 바꿀 수는 없었다.

청조도 명조에 이어 천주교에 우대정책을 취했다. 교회가 계속 종교를 전파하도록 허락하는 한편, 조정은 예수회 수도사들에게 관직을 하사했다. 순치제順治帝와 강희제康熙帝는 아담 샬과 후임 흠천감정인 베르비스트

Ferdinand Verbiest에게 우호적이었고, 서양문화 및 기계 · 예술에 관심이 매우 많았으며 심지어 천주교에도 상당한 호감을 나타냈다. 강희제 본인은 종교성이 짙은 글을 쓰기도 했고, 천주교 교리를 매우 깊이 있게 알고 있었다. 끝까지 천주교로 개종하지는 않았지만 명분상으로는 천주교의 중국 전파를 공개적으로 허가한 첫 중국 군주라 말할 수 있다. 천주교는 그의 날카롭고 세심한 심리를 통해 청조 양광셴楊光先 등이 일으킨 최초의 대재난인 '역옥曆獄'을 피할 수 있었다.

동방에 대한 선교권리는 포르투갈 국적의 예수회가 계속해서 독점하고 있었고, 교구도 포르투갈에 의해 보호되었다. 하지만 교황이 1631년에 포르투갈의 보교권保敎權을 취소하자 다른 수도회도 중국에서 선교할 수 있게 되었다. 도미니크 수도회와 프란체스코 수도회가 연이어 복건성과 연해 일대에 선교 근거점을 세웠다. 예수회가 중국 선교사역을 독점했던 시기에는 중국 선교정책을 두고 선교사간에 다양한 견해가 존재하더라도 그들은 상하로 예속된 관계였으므로 문제를 비교적 쉽게 해결할 수 있었다. 하지만 여러 수도회가 동방으로 온 이후, 선교에 대한 다양한 견해는 일치되기 힘들었고, 이런 분위기는 쉽게 확대되어 갔다. 특히 우리는 수도회간의 상호 경쟁과 시기의 심리적인 문제를 더해 볼 수 있다. 수도회간에는상호 구속력이 없었으므로 일단 충돌이 발생하면 문제는 먼 곳까지 전해지고, 중국 상황을 전혀 모르는 교황이 마지막 중재를 내리면서 비극은 발생했다. 여기서 특별히 제기할 문제는 '예의논쟁禮儀之爭'이다.

마테오리치 등은 초기에 중국에 온 예수회 수도사로서 천주교가 중국에서 성공적인 기초를 쌓으려면 먼저 중국 황제로부터 합법적인 체류와 전도를 허가받아야만 했다. 또 조정대신과 지식인들이 천주교에 호감을 갖도록 하는 일 외에도 치국안민을 내세우는 정통 유가와의 정면 충돌을 최대한 피해야만 했다. 따라서 그들은 중국 교인들이 계속 공자를 숭배하고 조상에게 제사하는 행위를 용인하고 있었다. 마테오리치 등의 해명에 근거하면 그들은 유가가 우상숭배의 종교가 아니라고 생각했다. 단지 이 성주의 윤리도덕의 관념일 뿐 조상제사와 공자숭배는 종교행위가 아니라고 간주했다. 감정적으로 말하면, 이런 해명은 모든 사실에 부합하지 않는다. 특히 세속화된 유가사상은 종교적인 색채를 다분히 갖고 있다. 곧 중국 교인이 조상에게 제사하고 공자를 숭상할 때, 심리적으로 우상숭배 의식을 완전히 배제하였다고 예수회 수도사들도 보증할 방법이 없다. 전통적인 종교적 혼합주의의 부활을 인정하지 않을 수 없을 것이다.

하지만 우리도 당시의 상황을 이해할 필요가 있다. 17세기 초 천주교가 샤오조우에서 활동할 때, 사대부 계층은 천주교가 조상을 숭상하지 않아 풍속을 문란하게 한다고 심각하게 비난했고, 이런 지적은 끊이지 않았다. 우리가 중국사회와 문화에 대해 대략적으로라도 알고 있다면 유가학설은 통치계층을 구성하는 기초이고, 조상제사와 공자숭배는 개인적인 행위가 아니라 사회의 모든 중요한 부분과 밀착된 운영방법[6]인 것을 이해해야 하며, 이 사실을 분명히 알아야 한다. 만약 17세기에 천주교가 중국에서 조상제사와 공자숭배를 금지했다면 천주교가 중국에서 쫓겨나는 것은 필연적인 결과로서 어떤 요행이나 예외가 있을 수 없다.

먼저 도미니크수도회 수도사들은 예수회가 중국교인이 조상과 공자제사에 참가하도록 허락하고 우상 숭배에 반대하지 않는다는 사실을 로마 교황에게 투서하였다. 당시 교황청은 종교개혁운동의 여파로 교파가 분

---

6) 공자에 제사하지 않는 것은 곧 과거시험에 참가하지 않고, 관리가 되지 않고, 독서도 무의미하다는 표시이다.

열하는 엄청난 충격에 휩싸여 있던 터라 '이단'에 민감하였다. 몇 차례의 격론을 거쳐 1704년 교황 클레멘트 11세는 교리를 심사하는 성직부의 결의를 인정하여 중국 천주교도의 공자묘와 사당, 성묘 및 제사와 관련된 모든 활동을 전면적으로 금지했다. 또 토마소Carlo Tommaso 대주교를 중국으로 파견하여 교황의 중국예의문제에 대한 결의안을 집행하도록 했다. 토마소는 1705년 강희제를 알현하고 교황의 유지를 전달했다. 강희제는 크게 노여워했고, 이는 중국의 전통적 예속을 파괴하는 행위일 뿐만 아니라 자신에 대한 위법과 도전으로 간주했다. 원방遠邦의 하찮은 교주가 어떻게 중국황제의 지위를 능가할 수 있으며 중화 신민의 사회 종교와 예절을 대신 결정할 수 있느냐는 것이었다. 그는 토마소를 마카오로 호송할 것을 명하고, 또 중국에 체류하고 있는 대부분의 주교와 선교사들을 추방시켰다.

하지만 교황은 타협하지 않고 조상과 공자 제사에 대한 금령을 재차 천명하는 한편, 1720년에 2차로 메자발바Carlo Mezzabarba가 이끄는 사절단을 중국으로 파견했다. 메자발바 대주교는 중국에 도착한 후에야 중국선교사역이 당면한 심각한 정세를 이해하게 되었고, 강희제와 교섭을 진행하기 전에 몰래 교황의 금령 외에 8개 조항의 특별허가 내용을 첨가하여 종교적 색채가 없는 조상과 공자 제사의식을 계속 진행하도록 용인했다. 그러나 8개 조항의 특별허가에 대해 일부 수도회가 반발하였고, 그것으로 예의논쟁이 만든 강희제와 천주교의 분열을 만회할 수는 없었다. 말하자면 천주교의 중국 황금시대는 예의논쟁으로 마침표를 찍게 된 것이었다.

강희제는 강희康熙 59년(1720)에 서양선교사의 중국선교를 금지한다는 명령을 내렸다. 하지만 엄격하게 집행하지는 않았다. 옹정제雍正帝는 천주교와 서양의 기예에 전혀 호감을 나타내지 않았고, 설상가상으로 천주교

선교사들이 그가 형제들과 벌였던 제위계승 다툼에 개입함으로써 재차 금교령을 내려 지방관들이 임의로 성직자들을 박해하고 추방하도록 했으며, 중국인이 천주교를 믿으면 사형에 처하도록 했다. 건륭제乾隆帝와 후대 황제들도 이 금교령을 지속적으로 집행했지만 건륭제 재임기에는 몇몇 수도사가 조정 관직을 얻는 일도 있었다. 수도사들은 천문과 예술 작업에 종사했고 베이징에서 자유롭게 선교할 수 있었다. 각 성에도 소수의 선교사들이 위험을 무릅쓰고 잔류하여 계속적으로 선교활동에 종사했으므로 천주교가 중국에서 완전히 소멸된 것은 아니었다. 1773년에 이르러 교황 클레멘트 14세는 정치적 이유로 예수회 해산을 명령하였고, 예수회의 중국사역은 프랑스 라자리스트회가 관리하게 됨으로써 선교사역은 심각한 타격을 받았다. 가경제嘉慶帝가 재임하던 1800년에는 전국에 21만명의 성도가 있었다고 알려져 있으나 끊임없는 종교박해와 성직자의 태부족으로 천주교는 중국에서 유명무실해졌다.

기독교의 세 번째 중국선교역사는 특히 어려웠다고 말할 수 있다. 예의논쟁에 대해 누가 옳고 그른지 간단하게 평가하기 어렵다. 그러나 천주교의 16세기, 17세기의 흥망은 오히려 중요한 사실을 말해준다. 정부의 허가가 없다든지, 또는 정부와 협력관계를 유지할 수 없다면 기독교신앙은 중국에서 자유롭고 자연스럽게 생장하기 어렵다는 점이다. 중국 황제는 신민을 교화할 책임을 지고 있고, 종교는 하나의 의식형태이기 때문에 반드시 그의 관리감독과 통제범위 내에 머물러 있어야 한다는 점이다. 마테오리치는 교회가 먼저 군주의 축복을 받지 못하면 설사 민중들의 광범한 환영을 받더라도 아무 소용이 없고, 나아가 교인의 수가 증가할수록 조정의 견제를 받아 쇠망을 가속화할 수 있다고 생각했다. 이런 사례는 기독교의 네 번째 중국 전파 이후 현재에 이르기까지 중국에서 여전히 적용되고 있다고 감히 말할 수 있다.

예수회의 유가에 대한 포용과 해석에 우리가 완전히 동의하는 것은 아니다. 하지만 그들의 노력으로 그리스도 신앙이 지식계층과 사회인사의 존중을 받았고, 중국인 교인이나 전도자를 사회 사각지대의 비천한 사람 정도로 여기던 관념을 벗어 버리게 했다는 것은 우리에게 매우 의미 있는 일이다. 초기에 적극적으로 중국 현지 수도사를 배양하고, 갖은 박해에도 불구하고 인내하며 의연하게 기다리는 태도, 현지 문화를 적극적으로 연습하고 문서사역에 치중했던 점은 오늘날의 선교사역이 반드시 배우고 본받아야 하는 경험이다. 사실상 기독교가 네 번째로 중국에 전파된 지금, 천주교와 개신교를 막론하고 기독교를 옹호하는 수 많은 글 가운데 여전히 문체나 이론구성 측면에서 마테오리치를 능가하지 못하고 있다. 이것은 실로 현재의 우리가 부끄럽고 애석하게 여겨야 할 일이다.

제 2 강

개신교의 첫 선교(1807~1842)

로버트 모리슨Robert Morrison이 개신교 최초의 중국선교사로 파송된 것은 중국을 향한 기독교의 제 4차 복음전파가 시작되었음을 의미한다.

선교의 장애

모리슨이 중국에 온 것이 비록 중국복음화를 위한 네 번째 시도였지만 그가 봉착했던 어려움은 지난 세 차례에 견주어도 결코 뒤지지 않는다.

우선 우리는 개신교가 중국선교를 최초로 시도했다는 점을 반드시 이해해야 한다. 사실상, 미주 이민 또는 아시아와 아프리카 등지에 식민지를 건설했던 경험을 제외하고 개신교가 해외선교사역을 시작한 것은 천주교보다 거의 3세기 정도가 늦다. 18세기 말, 독일의 경건운동과 영국의 웨슬리 부흥운동의 종교적 열정은 선교회가 계속해서 출현하는 계기가 되었다. 따라서 최초의 개신교 선교회가 설립되고 얼마 후 중국에 첫 선교사를 파견했다는 것은 실로 참신한 시도였다고 말할 수 있다.

과거 세 차례의 기독교 중국선교는 서로 약 1000년간의 시차가 있고 시기적으로 중첩되거나 전승된 관계가 아니었다. 게다가 종교개혁운동 이후, 유럽의 천주교와 개신교국가는 거의 백 년에 달하는 종교전쟁을 겪었고, 두 교회는 상호 적대적인 관계가 되어 왕래는 생각지도 못하는 일이었다. 이에 개신교 선교사는 두 세기 전에 천주교 선교사가 이미 습득해 놓았던 중국에 관한 지식과 경험을 배울 길이 없었다. 중국은 19세기 초의 유럽인에게 마냥 신비롭고 낯선 땅일 뿐이었다.

문화적 · 언어적 장애물 이외에도 당시 선교의 최대 난제는 정치적 차단이었다. 금교령은 강희 59년에 황제가 서양선교사를 중국 땅에서 추방할 것을 명령함으로써 시작되었고, 옹정제와 건륭제, 가경제의 100여 년을 거치면서 거듭 제기되었다. 중국정부는 중국에서의 기독교 선교를 금지했고, 서양 선교사는 예외 없이 중국에서 체류할 수 없었으며 중국인이 기독교를 믿으면 사형에 처했다. 이 금교령은 중국에서의 사역경험이 있었던 천주교에 대해서도 여전히 치명적인 타격을 가했으므로 금교령 하에서 새로 사역장을 세우고 새롭게 사역을 시작하려면 그 어려움은 엄청난 것이었다.

그 뿐만이 아니었다. 청 중엽 이후, 중국정부는 폐관정책을 더 심하게 집행하여 중국과 외국의 왕래를 제한했다. 극히 제한적인 조공형식의 외교왕래 외에 해로를 통한 대외통상은 단지 남쪽 끝에 위치한 광조우 한 항구에서만 진행할 수 있었다. 당시 중국과 서양무역회사는 쌍방이 각각 독점회사 운영방식을 택하여 중국 측은 '13행行', 영국 측은 '동인도회사東印度會社'가 독점무역을 담당했고, 극도의 제한적 상황에서 무역활동에 종사했다. 외국인은 중국어 학습이 금지되었고, 중국인이 외국인에게 중국어를 가르치다 발각되면 사형에 처했다. 서양인은 정해진 기간에 광조우 외곽에 위치한 13행에서 무역하는 일 외에 중국영토 내에서 함부로 머무를 수 없었다. 그들이 유일하게 거주할 수 있는 곳은 마카오뿐이었다.

낯선 문화와 정치적 장애는 선교사역에 큰 어려움을 초래했다. 중국에서의 합법적인 거주와 효과적인 선교활동의 전개는 의심할 바 없는 까다로운 문제였다.

모리슨은 바로 이런 문제들에 직면해 있었다. 1807년 모리슨이 영국런던선교회의 파송으로 마카오에 도착했을 때, 그가 처음 겪었던 곤란은 합법적으로 중국에서 체류할 수 있는 신분을 확보하는 일이었다. 당시 유일하게 중국 입국이 허가된 신분은 상인으로서 독점형태로 경영하는 동인도회사의 상인 이외 그 밖의 서양인은 모두 중국 밖으로 쫓겨났다. 따라서 그가 중국에 발을 들여 놓는다는 것은 명백한 불법행위였다. 중국정부가 모리슨의 도착을 환영하지 않은 것은 물론이고 동인도회사의 상인들도 이 불청객을 거부하였다. 당시 대외무역관계가 매우 긴장된 상황에서 영국은 관리들을 몇 차례 파견하여 중국이 무역상황을 개선할 것을 요구했지만 모두 거절당했다. 중국은 통상금지를 빌미로 명령을 준수하지 않는 외국상인을 징계했고, 이는 실리만을 추구하는 외국상인에게 치명적인 타격을 가하는 것이었다. 그러므로 그들이 모리슨의 중국 체류를 원하지 않았던 것은 아마도 그의 존재가 중국정부를 자극하여 통상이 금지되는 국면을 두려워했기 때문이었을 것이다.

이렇게 광조우에 체류하는 일이 불편했다면 마카오의 상황은 어땠을까? 이론상으로 모리슨이 합법적으로 마카오에 체류할 수는 있었다. 하지만 마카오는 명 말부터 포르투갈의 관리를 받고 있었고, 포르투갈은 천주교 국가였으므로 천주교 선교사가 줄곧 마카오에서 사역하고 있었다. 그들은 이 개신교 선교사에게 호감을 가지지 않았다. 심지어 수시로 중국관청에 그를 고발하여 추방하였다. 따라서 이 곳에서도 장기적으로 체류할 수 없었다.

모리슨은 중국에서 2년간 불법 체류를 한 후, 합법적인 중국 체류를 위해 1809년 동인도회사에 들어갔고, 통역 업무를 담당하는 정식 직원이 되었다.

여기서 우리는 반드시 역사적인 배경을 이해할 필요가 있다. 당시 영국의 대중무역은 대부분 아편이었다. 동인도회사가 아편판매 위주의 연초 상인이었다는 것은 절대 과장된 설명이 아니다. 그러므로 우리는 한편으로 모리슨이 동인도회사에 들어간 것이 어쩔 수 없는 일이었다고 이해하지만, 다른 한편으로 이 방법은 이후 결코 바람직하지 않은 결과들을 동반하게 되었다. 아편무역회사에 들어갔으므로 모리슨 선교사가 아편무역에 간여되었음도 확실하다. 이는 나중 선교사역이 중국인들의 공격을 받는 큰 구실이 되었다.

체류문제 외에 언어와 문화의 차이도 중요한 장애물이었다. 모리슨은 불법적으로 몰래 중국어를 습득하기 위해 꽤 많은 비용을 지불했고, 교사 두 명을 초빙하여 중국어학습을 지도하게 했다. 이 두 명의 교사는 틀림없이 과거시험 낙방자였을 것이다. 중국에서 과거낙방자는 매우 흔히 볼 수 있었고, 집안형편이 넉넉한 사람은 미래에 대한 염려가 없었겠지만 나머지 낙방자들의 처지는 말할 수 없이 열악했다. 그들이 공부한 내용은 농업사회에서 아무런 실용적인 가치가 없었고, 과거에 합격하여 출세하지 못하면 겨우 가난한 서당에서 일하는 정도가 대부분이었다. 루쉰이 쓴 글에 나오는 콩이孔乙가 당시에 매우 보편적으로 존재하고 있었다. 19세기에 이런 곤궁한 처지에 놓인 지식인들이 선교사에게 고용되었다는 사실은 일반 신사계층이었다면 수치로 생각할 일이었다. 모리슨의 교사 두 사람은 대체로 이런 배경 하에서 고용된 사람들이었다. 그들이 고의로 법을 어기는 대가는 지나치게 높았고, 모리슨은 비용을 지불할 수 없는 상황이 되자 그 중 한 사람을 그만두게 했다.[7] 그 두 중국 교사들은 왜 이렇게 높은 비용을 받았을까? 이는 사실상 그들이 생명의 위험을 무릅쓰고 그 일에 종사했기 때문이었다. 모리슨의 전기에 따르면, 그 중 한 교사는 항상 몸에 독약을 휴대하고 있었다. 만일 관청에 체포됐을 때, 아무튼 단번에 자살하여 모든 혹형을 피하고 싶었던 것이다. 중국어를 가르치고 배우는 일의 위험성을 볼 수 있는 대목이다. 모리슨은 이런 어려운 환경과 꽉 막힌 작은 방에 숨어 희미한 등불 밑에서 중국어를 열심히 공부했다.

서양인의 중국어학습을 불허하는 금지령은 사실상 선교사에게만 곤란을 주는 것이었다. 중국에 온 대부분의 서양상인은 중국어 학습에 흥미가 없었고, 이런 열악한 환경 하에서 장기적으로 체류할 생각이 없었다. 오로지 단기간 내에 충분한 이윤을 남겨 떠날 생각뿐이었다. 그 밖에도 중국어는 극히 이해하기 어려운 언어였고, 사용할 만한 참고서도 전무하여 학습이 쉽지 않았다. 또한 법률을 위반하는 것으로서 위험성이 너무 컸다. 결국 선교사만 중국에서 장기 체류할 생각을 가졌으므로 어떻게하든지 이 언어를 습득해야만 했다. 이처럼 초기에 중국에 온 외국인 중에는 선교사만 중국어를 겨우 이해했다. 일단 외국정부는 중국과 외교담판을 진행하거나 불평등조약을 체결할 때 통역자가 필요했고, 외국 군대가 중국 영토를 점령했을 때 현지 거주민을 통치할 민정관도 선교사가 우선적인 대상이 되었다. 이는 3강에서 상세하게 설명할 것이다. 어쨌든 선교사는 언어 학습을 위해 노력하는 부분에서 다른 외국인들과 남달랐다.

---

7) 이것은 매우 특수한 상황으로 중국에 온 선교사의 자금은 평균적으로 본부 전도사역자들의 10배에서 20배 정도였음에도 모리슨이 두 중국인의 봉급을 부담할 방법이 없었다는 점은 대가 요구가 지나치게 높았다고 볼 수 있다.

남양의 선교기지

모리슨은 합법적인 중국체류지위를 획득하고 기초적인 중국어를 학습한 후, 선교사명을 실천하기 위해 노력했다. 하지만 가능한 선교사역이 극히 제한적임을 그는 알게 되었다. 중국에서 선교가 불법이라는 것을 언급하지 않더라도 그는 두 가지 중대한 어려움에 봉착했다. 첫 번째로 그는 근본적으로 일반 평민들을 접촉할 수 없었다. 그는 동인도회사의 피고용인으로서 단지 정해진 시간에 광조우에서 무역업무를 진행하고, 제한된 시간 내에서만 광조우를 다닐 수 있었다. 그가 왕래할 수 있는 중국인은 아마도 그들과 교역하는 행상이거나 서양상인들에게 고용된 소수의 청소부나 인부 정도였을 것이다. 이런 사람들이 초창기 그의 선교대상이 되었다. 두 번째는 이런 제한된 사람들에게 어떻게 복음을 전하느냐인데, 안전한 상황하에서 복음의 화제를 찾는 것도 극히 어려운 일이었다. 따라서 모리슨은 중국에서 장기간 체류하면서 중영자전 『오차운부五車韻府』를 편찬했고, 성경번역과 전도지 제작 등 문서사역에 종사했다. 이는 그 당시 가장 안전하고 가장 적합한 사역으로서 모리슨 평생 사역의 가장 큰 업적이었다. 직접선교 방면에서는 1807년 중국에 도착한 후 7년이 지나서야 겨우 첫 번째 중국인 교인 차이까오蔡高에게 세례를 베풀었고, 그는 중국개신교의 첫 열매가 되었다.

모리슨은 중국에서 1814년까지 고독하게 사역하였다. 그 해 런던선교회는 두 번째 선교사 밀른William Milne을 파송하여 모리슨과 협력하게 했다. 하지만 밀른은 광조우에서 모리슨과 만났지만 그 역시도 아무 것도 할 수 없는 환경이었다. 모리슨은 선교사역지를 남양의 말라카로 이전하기로 결정했다. 이 결정은 그가 중국인에 대한 선교부담을 포기했다는 의미가 아니라 단지 중국대륙에서의 선교가 기본적으로 큰 결실을 맺지 못했다는 반증일 뿐이다. 남양일대는 무한한 기회가 있었다. 19세기 초, 남양 각 지역은 영국과 네덜란드의 식민지였고, 유럽 '기독교국가'의 식민지 안에서 선교사는 당연히 자유롭게 선교할 수 있었다. 그 외 남양에는 많은 화교들이 생계를 도모하며 거주하고 있었다. 그들은 명 말부터 정치 · 경제적 이유로 광동성과 푸젠성 등 연해지역 성에서 남양으로 이주하여 일하고 있었다. 이런 중국인들은 남양에서 장기 거주한다는 이유로 그들 고향과의 관계가 단절되는 것이 아니라 반대로 지속적이고 긴밀한 관계를 유지하고 있었다. 가끔씩 귀향하여 친지를 방문했고, 늙거나 죽은 이후에라도 고향으로 돌아가기를 원했다. 이처럼 선교사들이 남양에서 최선을 다해 화교들에게 선교하면 그들이 기독교로 개종한 후 복음의 교량이 되고, 복음을 들고 고향으로 돌아가게 되면 이는 선교사들이 직접 선교하는 것보다 더 효과적이라고 보았다.

모리슨과 밀른은 한발 더 나가 말라카에 중국선교를 위한 후방기지를 건설하기를 원했다. 광조우는 정치적 장애로 복음문서 등을 편찬하고 간행하는 예비적인 사역에 종사하려면 갖은 어려움이 존재하지만 만약 남양에 인쇄공장을 설립하여 성경과 전도지를 간행한다면 중국에서의 복음사역을 쉽게 지원할 수 있을 거라 생각했다.

밀른은 말라카에 도착한 후, 원래의 계획에 따라 먼저 인쇄공장 설립을 준비했다. 광조우에서 인쇄 기술자들을 말라카로 초빙했는데, 그 중 한 사람이 량파梁發였다. 량파는 남양에서 밀른과 일년을 함께 지낸 후, 기독교로 개종하여 중국의 두 번째 교인이 되었다. 1822년 밀른이 세상을 떠나자 말라카 사역은 중심을 잃었고, 이에 모리슨은 량파를 첫 번째 중국인 목사로 안수하게 되었다. 인쇄소에서 간행한 전도지는 모두 선교사나 초기의 중국 교인들이 함께 만든 것으로 말라카에서 인쇄하고 중국에서 배포했다.

밀른은 인쇄소를 열어 중국복음사역을 지원한 것 외에도 말라카에 교인단체를 설립했다. 그는 교인들을 훈련시켜 현지전도인으로 삼고, 본국으로 귀환시켜 선교하고자 했다. 이런 소망을 이루기 위해 가장 먼저 해야 할 일은 신학원을 설립하는 것이었다. 따라서 1814년에 밀른이 영국 선교회본부에 편지를 보내 남양으로 가는 이유를 설명할 때, 그 첫 번째 이유로 그 곳에 신학원 설립을 제안했다. 문제는 신학원 설립이 상당히 어려운 일이라는 것인데, 교사와 건물, 설비를 모두 조달해야 하는 문제가 있었고, 그 중에서도 가장 곤란한 문제는 학생 부분이었다. 반드시 이해해야 할 점은 신학교육은 현재까지도 교육방향에서 커리큘럼 내용에 이르기까지 완전히 서양문화의 기초 위에 세워져야 한다는 것이다. 중국인이 만약 외국어를 이해하지 못하면 서양철학을 이해할 수 없는데, 더욱이 신학을 연구한다는 것은 더욱 어려운 일이다. 불행하게도 당시 선교사가 접촉하여 개종시킬 수 있는 대상은 모두 사회하층민이었으므로 그들은 중국어조차도 거의 모르는 문맹이었다. 서양지식은 말할 필요도 없었다. 그러므로 선교사는 '삼위일체'와 '도성육신道成肉身'의 관념을 가르치기 이전에 필히 A, B, C부터 가르쳐야 했다.

밀른은 신학원을 설립하고 싶었지만 말라카에서는 먼저 계몽학당을 개설하여 학생 다섯 명을 모집하고, 마구간을 빌려 수업을 시작했다. 이 학교는 학습과정도 없고, 제도도 없는 상황에서 어떻게 운영되었을까? 방법은 매우 간단했다. 전통적인 중국의 계몽교육방식을 완전하게 차용했던 것이다. 밀른은 먼저 서당의 훈장을 청빙하여 반나절동안 학생들에게 『삼자경三字經』과 『천자문』 등 전통과 기존의 계몽과목을 가르치게 했고, 나머지 반나절은 선교사가 친히 성경과 기독교교리를 강해했다. 이렇게 서당 훈장을 청빙하여 반나절은 계몽과목, 반나절은 성경을 가르치는 학교형태를 '일인학교one-manschool' 라 불렀다. 설립이 쉽고 경비가 적게 들어 19세기 말 중국 각지에서 선교사들이 광범하게 선택했던 방법이다.

'일인학교' 는 사실상 중국의 전통적인 교육방식과 가장 밀접했고, 교과내용에서 강의방식까지 완전히 일치했으므로 중국인이 이해하고 수용하기에 가장 적합했다고 할 수 있다. 그러나 선교사는 여전히 학생모집 방면에서 매우 큰 문제가 존재한다는 것을 알았다. 18~19세기 이전에 남양일대로 이주하여 생계를 도모했던 화교는 다수가 하층민 출신으로서 그들의 생활권에서 문자지식과 정규교육은 필수적인 것이 아니었으므로 자녀들을 학교에 보내 공부를 시키려고 하지 않았다. 또 소수의 비교적 부유한 가정에서는 서당 훈장을 개인교사로 청빙할 수 있어 굳이 자녀를 선교사가 설립한 서숙에 보내려 하지 않았다. 진정으로 배움이 필요하여 입학을 원하는 사람은 많지 않았다. 선교사는 학생을 모집할 방법이 전무한 상황에서 돈을 미끼로 사용할 수 밖에 없었고, 학생 부모에게 매월 약간의 돈을 주었다. 이는 그 가정의 노동력 상실을 보상해 줌으로써 자녀를 학교에 보내도록 했다. 이렇게 학교가 학부모에게 학비를 부담해 주고 학생을 학교로 보내게 하는 방법은 20세기 초까지 중국에서 존재하였다. 다음에 계속해서 이 방법에 대해 토론할 것이다.

밀른은 1815년 '일인학교' 를 설립하고, 1818년에 그 규모를 확장한 후, 학교명을 '영화서원英華書院'으로 개명했다. 영화서원의 영문은 'Anglo-Chinese College' 이다. 명칭을 잘 생각해 보면, 밀른은 학생들이 중국어와 영어에 모두 능통할 수 있도록 훈련시키고자 하는 한편, 학교를 고등학교 이상의 수준으로 향상시키고 싶어했다. 하지만 실제로 이 학교는 초등 고학년에서 중학교 정도의 수준에 불과했다. 그 이전과 비교해 보면, 학교가 그나마 규모를 갖추었고, 적어도 '일인학교'의 형식을 탈피하여 정규과정을 설치했다고 할 수 있다. 소위 정규과정은 중문과 외에 대체로 당시 영국의 일반 중등학교의 제도를 답습한 것으로서 역사 · 지리 · 수학 · 자연과학 등이었다. 역사와 지리는 당연히 유럽 역사와 유럽 지리였다.

밀른은 학교 수준을 향상시킨 후, 이 기초 위에서 신학원을 설립하고 싶어했다. 그러나 신학원을 설립하겠다는 소원은 1843년까지 기다려야 했다. 영화서원이 말라카에서 홍콩으로 이전한 후에야 비로소 그 소원이 실현될 수 있었다. 1818년에서 1843년까지 28년이 경과한 후, 밀른의 목표가 달성될 수 있었다는 점은 신학원 설립이 결코 쉽지 않았음을 말해 준다.

영화서원의 졸업생은 대부분 식민지정부나 양행에서 일했고, 소수만이 전도사업에 참여했다. 그 중 비교적 유명한 사람은 허푸탕何福堂으로 영화서원 졸업 후, 런던회의 중국인 목사로 안수를 받아 홍콩에서 사역하였다. 그 아들 허치何啓는 중국 근대사상사의 중요한 인물로서 영국에 유학하여 의학과 법률 등 서양문화에 대한 폭넓은 인식이 있었고, 중국의 서양식 개혁을 적극적으로 고취시켰다.

영화서원 외에 남양에 온 다른 선교사들도 계속해서 학교를 설립했다. 이런 학교는 물론 부분적으로 '일인학교'로서 선교를 지향했지만 일부는 남양의 식민지정부가 출자한 것이었고, 심지어는 정부가 선교사들에게 교육 업무를 담당하도록 위탁한 것이었다. 그러므로 학교 설립은 남양의 선교사들에게 가장 보편적인 사역이 되었다.

남양의 후방기지 사역은 대체로 위와 같다. 중국과 무관한 것은 여기서 생략한다.

광조우에서의 복음사역

모리슨은 언제나 혼자 광조우와 마카오에 남아 고독하게 싸우고 있었던 것은 아니었다. 1920년대 말과 1930년대 초에 다른 선교회에서 파견한 선교사들이 계속해서 중국으로 왔고, 그 중 일부는 밀른처럼 남양으로 옮겨 사역했지만 일부는 중국 경내에 정착했다. 이 시기 동인도회사의 중국무역 독점권이 상실됨으로써 중국으로 오는 서양상인이 증가하고 다양해졌다. 또 통일된 기관의 관리를 받지 않았으므로 선교사들의 중국 체류는 비교적 용이해졌다. 중국에 온 선교사 중에 비교적 유명한 인물은 네덜란드선교회의 구츨라프C.Gutzlaff, 미국 선원친구회[8]의 아빌D.Abeel과 미국공리회의 브릿지먼E.C.Bridgman, 윌리암스S.W.Williams, 로버츠I.J.Roberts등이 있다. 통계에 따르면, 1842년까지 중국 본토에서 사역했던 선교사는 모두 17명이고, 그 중 3명은 주로 마카오에서 선교했다.

이 선교사들은 모리슨과 마찬가지로 동일한 어려움 내지는 선교사역을 감당할 수 없는 환경에 직면했다. 한 선교사는 다음과 같이 간결하고 개괄적으로 그들의 중국체류 상황을 묘사했다. "한 작은 외국인 단체는 대부분 시간을 어두운 구석에서 숨어 지냈고, 몰래 그들과 접촉할 수 있는 소수의 중국인에게 성공할 수 없는 복음사역을 진행했다."

당시 진행했던 '성공할 수 없는 복음사역' 이란 말은 실제상황을 너무도 잘 반영한 것이다. 앞에서 제기한 모리슨이 중국에 온 지 7년이 되었

8) 이 선교회의 주요 목적은 중국인 전도가 아니라 중국에 있는 미국 국적의 선원 전도였다. 오직 파견된 선교사만 중국인 선교사역에 참여했다.

을 때, 최초 중국인 교인이 생겼고, 1833년 그가 중국에 온 지 25년이 흐른 후에야 비로소 중국에는 10명의 교인이 존재했다. 브릿지먼은 1830년에서 1935년까지 단 한 명의 중국인도 개종시키지 못했다. 이런 선교효과는 사람들로 하여금 절망하게 했다.

하지만 이렇게 적은 숫자의 중국인 교인이었지만 오히려 아주 중요한 선교역할을 감당했다. 특별히 량파는 선교사들에게 전도지 제작을 돕는 일 외에도 직접 고향 까오밍현高明縣으로 돌아가 선교사들이 남양에서 했던 사역을 답습하여 그 곳에 학교를 설립하려고 했다. 학교 형식은 '일인학교' 와 마찬가지로 서당 훈장을 초빙하여 계몽과목을 가르치게 하고 그 자신은 성경을 가르쳤다. 결과적으로 고향 사람들이 그가 이교異教를 전파한다는 것을 알게 되어 고향에서 내쫓았다. 이 시도는 비록 실패했지만 그의 선교 열정을 막을 수 없었다.

량파를 비롯한 대부분의 중국 교인은 선교사들의 수하에 고용되어 현지 전도조수의 역할을 맡았다. 사실 이들 대부분은 예수를 믿기 전에 이미 고용된 사람들이었다. 초기에는 교인이 극히 적었으나 선교사들은 선교사역에 현지인들의 협력이 매우 필요했고, 비교인을 고용해서라도 일을 맡길 수 밖에 없었다. 이후 선교사들은 비교인 고용이 선교사역에 부담을 주고 불편하게 만든다는 것을 알게 되어 교인들만 고용하는 것으로 정했다. 하지만 이처럼 많은 사람들이 생계를 유지할 목적으로 선교사역에서 직장을 구하다 보니 부득불 거짓으로 교인이 되어 교회에 들어오게 되었다. 이들을 '라이스 크리스찬Rice Christians' 이라 불렀고, 이런 종류의 교인 숫자가 많아지면서 자연히 교회에 나쁜 영향을 많이 미치게 되었다. 하지만 이들 중에는 교회에 들어와 진리를 깊게 인식하고 회개한 후 역경에 굴하지 않고 선교사역을 감당하는 중추적인 역할을 맡기도 했다.

현지 전도조수들은 주로 서양 선교사들을 도와 번역과 길 안내 등의 사역에 종사했고, 개인적인 신앙상담과 전도지 배포 등 사역에도 전적인 책임을 맡았다. 그들은 지식수준에 한계가 있고, 정식으로 신학훈련을 받은 적이 없었던 관계로 맡은 역할과 기능이 제한적일 수 밖에 없었다. 간단히 말하면, 그들 대다수는 선교사를 떠나 독자적인 사역을 감당할 수 없었다. 그러나 당시의 열악한 정치와 사회적 환경 속에서 현지 전도조수들은 선교사들에게 실제로 없어서는 안 되는 존재였고, 그들의 협조가 없었다면 선교사들은 아무 일도 할 수 없었다.

당시 선교사역에서 가장 중요한 것은 전도지 배포였다. 앞에서 말한 바와 같이, 이 복음 내용은 선교사와 현지 교인의 합작으로 작성된 것으로 말라카 또는 광조우에서 인쇄되어 뿌려졌다. 사실 전도지 배포는 당시 가장 안전한 반공개적인 선교방식이었다. 선교사들은 직접 행동할 수 없었으므로 심지어 전문적으로 전도지를 배포하는 사람들을 돈으로 고용하여 대신 일하게 했다. 초기 선교사역 중에 전문적으로 전도지를 배포하는 서적 행상인(Colporteur)의 지위는 매우 중요했다.

배포방식은 일반적으로 어부가 그물을 치는 방식과 유사하다. 선교사들은 서적 행상인을 대량으로 고용하여 도시의 길거리나 시장 등 사람들이 많이 다니는 장소에서 전도지를 나눠주도록 했다. 또 강에 인접한 마을에 내려 전도지를 뿌리게 했다. 심지어 어떤 선교사는 아편 선박을 타고 북방의 연해 각 성에 가서 배포하는 모험을 감행하기도 했다. 이런 대상 불문의 배포방식은 많은 돈을 낭비했을 뿐 아니라 그다지 효과적이지도 못했다. 가장 큰 문제는 중국인의 문맹률이 매우 높았다는 점이다. 19세기 중국의 문맹률은 전국 인구의 95%이상을 차지했고, 농촌 문맹률은 이보다 더 높았다. 전도지가 효과를 보기 위해서는 반드시 식자識者를 선택하여 배포해야 했다. 식자를 찾기 위한 가장 안정된 방법은 매년 혹은 삼 년마다 열리는 과거시험장 앞에서 응시생들에게 배포하는 것이었다. 선교사와 현지전도인들은 이런 전도 기회를 놓칠 리 없었다. 홍수전이 1836년 광조우에서 과거에 응시했을 때, 시험장 문밖에서 『권세양언勸世良言』을 입수하게 되었고, 배상제교拜上帝教창립과 태평천국운동太平天國運動을 일으키게 된 것이다.

또 선교사들은 광조우와 마카오 등지에서 학교설립을 시도했다. 이런 학교들은 당연히 독립된 교사校舍를 가진 규모의 정도는 아니었고, 단지 선교사 집에 소학급을 열어 몇 명의 학생들을 가르쳤다. 예를 들면, 브릿지먼은 1831년에 광조우에 소학급을 열고 학생 5명을 모아 교육을 시켰는데, 그 중 한 명이 바로 량파의 아들 량진더梁進德였다. 브릿지먼은 최선을 다해 량진더를 교육하여 중문과 영어, 그리스어에 정통하게 함으로써 성경번역사역을 돕도록 계획했다. 안타깝게도 량진더는 이후에 선교업무에 헌신하지 않고 중국정부의 요청으로 양무사업을 도왔다. 그는 아편전쟁 전에 린저쉬林則徐가 서양 물정을 이해하도록 도움을 줬고, 그 후에는 중국세관에 들어갔다. 이것은 사실 남양을 포함한 초기 선교학교 졸업생들의 출구 중의 하나였다. 그들이 선교사역에 종사하지 않으면 중국정부의 외교관련 기구 또는 외국의 중국주재 대사관과 양행에 들어가 그들의 영어지식을 이용하는 통역이나 판매직에 임용되었다.

브릿지먼의 학교 외에 구츨라프도 마카오에 학교를 설립했다. 언급할 만한 것은 1834년에 모리슨이 세상을 떠난 후, 중국에 온 최초 개신교 선교사를 기념하기 위해 중국에 거주하는 서양 상인과 선교사들이 '모리슨 교육회Morrison Educational Society' 를 설립한 것이다. 이 교육회는 먼저 자금을 모금하여 구츨라프의 학교를 지원하고, 또 광조우에 소규모의 학교를 설립했다. 광조우의 학교는 학생이 단 5명뿐이었고, 그 중 1명은 거지 출신이었다.

1839년, 모리슨교육회는 마카오에 학교를 개설하고 미국으로부터 예일대학을 졸업한 브라운S. R. Brown부부를 청빙하여 전문적인 교수사역을 맡겼다. 이 학교가 바로 '모리슨기념학교' 로서 1842년, 남경조약이 체결된 후, 홍콩이 영국에 할양되자 홍콩으로 이전했다. 당시의 식민지정부는 토지를 지급하여 교사를 세우고 운영하도록 했다. 이 학교가 마카오에서 설립된 후 이 년 동안 6명의 학생을 모집했고, 그 중 3명은 1847년에 브라운이 귀국할 때 함께 미국으로 데려가 유학시켰다. 그들은 룽홍容閎, 황콴黃寬, 황셩黃勝이었다. 룽홍은 중국 최초 미국유학 졸업생으로서 귀국 후, 양무파 대신 리홍장李鴻章 등의 양무운동과정에서 실무를 집행하는 실무진행자를 맡았고, 그 중 최대 성과는 백 여명의 국비유학생을 데리고 미국으로 유학시켰던 일이다. 황콴은 미국에서 고등학교를 졸업한 후 영국의 에딘버러대학으로 옮겨 의학학위를 취득함으로써 정규 서양의학 훈련을 받은 최초의 중국인이 되었다. 귀국 후, 광조우에서 선교사가 설립한 박제의원博濟醫院에서 일했다. 황셩은 비록 대학을 마치지는 못했지만 외국 물정에 대한 인식이 깊어 19세기 홍콩의 중요한 중국인 지도자가 되었다.

모리슨교육회는 교육사업 진행을 목적으로 하는 조직이다. 1930년대, 광조우에는 유사한 기능을 가진 두 개의 선교회가 조직되었다. 첫째는 '익지회益智會' [9]였고, 둘째는 '의료전도회Medical Missionary Society였다. 익지회는 1834년에 광조우의 선교사들과 서양 상인들이 제안하여 설립되었는

9) Society for the Diffusion of Useful Knowledge in China

데, 선교학교를 위해 교과서를 번역하는 한편, 교과서 번역과 동시에 서양지식을 중국에 전파하는 역할을 희망했다. 그러나 익지회가 보여 준 기능은 상당히 제한적이었다. 의료전도회는 1838년에 설립되었다. 이 조직을 언급할 때, 우리는 먼저 이 시기 선교사들이 중국에서 찾은 선교방식의 하나가 바로 의료사역이라는 점에 대해 설명할 필요가 있다.

의료사역은 파커Peter Parker가 처음 중국에 도입하였다. 1834년, 파커가 광조우에서 선교할 때, 처음에는 단순하게 일반적인 선교사역을 했으나 성공하지 못했다. 그 자신은 정식훈련을 받은 서양의사로서 1836년 우연한 기회에 중국상인의 병을 치료했던 일이 소문이 나 유명해졌고, 많은 사람들이 그 이름을 듣고 치료받기를 원했다. 파커는 의료사역을 통해 중국인을 접촉하면 선교의 기회가 늘어날 뿐 아니라 중국인들의 마음에 선교사와 기독교에 대한 인상을 개선할 수 있다는 사실을 알게 되었다. 만약 중국인 한 사람의 병이 완쾌된다면 그 본인과 친구들 모두는 의사인 선교사에 대한 감동적인 마음을 품게 될 것이었기 때문이었다. 이런 감동적인 정서는 그들이 기존에 갖고 있던 양교洋教에 대한 의심과 시기하는 태도를 바꿀 수 있을 것이고, 복음전도에 지대한 도움을 줄 수 있을 것이라고 판단했다. 1836년, 파커는 병원을 설립하고 정식으로 의료전도사역을 전개하였다. 파커 한 사람의 힘만으로 병원의 모든 업무를 처리할 수 없었으므로 반드시 다른 사람의 협조가 필요했다. 설립 초기에 그는 몇 명의 중국인 의료 조수를 훈련시킬 때, 도제식 의술훈련을 채택했다. 이런 도제식 훈련은 중국에서 서양의료교육의 선구가 되었고, 파커의 훈련반 또한 후일 '남양의학원'과 '영남대학의학원'의 전신이 되었다.

1838년, 파커와 일부 선교사, 서양 상인은 함께 의료전도회를 설립하여 파커가 광조우에 설립한 병원을 위한 경비를 모금하는 일 외에도 적극적으로 의료전도사역을 확대하였다.

이상이 1842년 이전 선교사들이 펼친 중국에서의 대체적인 사역내용이다. 이런 사역의 발전과 그 성과에 대한 평가는 4강에서 서술하는 것으로 남겨두자. 여기에서 언급할 것은 당시 선교사들이 중국에서 효과적인 선교전략을 탐색하는 노력 외에도 중국에 온 첫 선교사로서 중국의 언어와 문화를 학습하고 중국사회 각 방면의 상황을 이해하여 모국의 선교회와 교회에 소개하였다. 그러므로 중국이란 복음사역장에 더 많은 선교사들이 헌신하도록 격려하고, 그들을 위해 최소의 경험을 공유하고 지식을 제공하기 위한 방법을 강구했다. 선교사들은 간행물 『중국총보*Chinese Repository*』를 창간하고 브릿지먼과 윌리암스를 주편으로 임명했으며, 대부분의 필자는 선교사들이었다. 이 간행물은 일반적으로 중국관련 개황과 자료를 외국인에게 소개하는 일 외에 선교사들에게 당시 중국과 관련된 정치 · 외교 등 문제에 대한 관점도 게재했다. 따라서 이는 매우 진귀한 역사문헌이라 할 수 있다.

제 3 강

선교와 불평등조약(1842~1860)

선교와 불평등조약의 관계는 중국교회를 위해서는 항상 부담스런 담론이다. 그것은 민감한 정치요소에 영향을 주는 것 외에도 많은 복잡한 정교관계와 선교역사의 평가 등과 같은 신학적인 문제에도 관련되어 있다. 그러므로 차분하고 화기애애하게 토론하기가 매우 어렵다. 그러나 만약 우리가 기독교의 범주를 벗어난다면 이 문제는 실제로 외면하거나 대충 언급하고 지나치기 어렵다는 것을 발견할 수 있을 것이다. 역사적 관점에서 보면, 과거 백 년간 중국인은 "기독교는 제국주의가 중국을 침략하는 도구"였고, "선교사는 중국 침략의 앞잡이"라는 식으로 끊임없이 기독교를 비판해 왔다. 이런 역사적 현상을 단순히 중국인의 오해 또는 편견으로 해석하고 지나갈 수 만은 없다. 현실적인 각도에서 생각하면 이 역사적인 비판은 오늘날까지 중국대륙 역사학자들에만 국한되지 않고, 모든 역사학계 내부에서 상당부분 존재하고 있다. 그들의 관점은 최소 부분적 사실에 근거하고 있다. 비록 우리가 감정적인 측면에서 이런 기독교에 대한 공격을 수용하거나 이해하지 못하더라도 반드시 그것들과 직면하여 적어도 그 발생 원인을 이해할 필요는 있다.

개신교가 19세기에 중국에 전해졌을 때, 마침 중국은 오랫동안 겪어보지 못한 거대한 변화의 파도에 직면하고 있었다. 서양제국주의국가들은 공업과 과학기술혁명의 산물인 견고한 군함에 강력한 대포를 장착한 군사력을 등에 업고 고압적인 태도로 중국의 문을 열었다. 열강의 침입을 당한 중국인들은 한 발자국씩 양보하게 되었는데, 난징조약南京條約을 시작으로 끊임없이 서양 각국과 영토할양 · 권리상실 등 더 이상 언급하고 싶지 않은 수많은 불평등조약을 체결하기에 이르렀다. 더욱 중요한 것은 하나의 국가로서 그 주권과 독립성에 엄청난 위해를 당했다는 점이다. 백성들이 느낀 굴욕감과 망국의 위기의식이 얼마나 심각했는지 가히 상상할 만하다.

우리가 이런 기독교의 전파와 발전의 배경을 분명히 알아야만 반교反_사건이 끊임없이 발생하는 원인과 같은 중국인의 배외심리를 비로소 이해할 수 있고, 중국인의 기독교에 대한 반합리적인 대우를 논리적으로 설명할 수 있다. 가령 중국근대사를 제쳐놓고 고립적으로 교회의 상황만을 본다면 우리는 영원히 진실된 그림에 다가가지 못할 것이다.

선교와 불평등조약 체결의 관계

여기서 우리에게 매우 중요한 문제는 서양열강이 중국을 협박하여 다수의 불평등조약에 서명하도록 했을 때, 조약은 선교사와 선교사역에 어떤 관계를 발생시켰을까?

첫째, 선교사가 조약 체결에 참여했다.

앞에서 언급한 바와 같이 선교사는 합법적으로 중국에서 체류할 수 있는 지위를 얻기 위해 중국에 진출한 외국기관에 들어 가 일을 해야만 했다. 이 기관들은 정치와 상업의 성향을 모두 가진 동인도회사나 주중 외교와 상무商務를 담당하는 외국정부측 대표를 포함하고 있었다. 선교사들은 초기에 중국어에 능통한 거의 유일한 서양인이었으므로 이런 기관에서 통역 · 서기와 같은 언어관련 업무에 종사했다. 일단 외국정부가 중국에 일련의 무력행동을 취했을 때, 이 선교사들은 전장에 파견되어 정보수집과 종군從軍통역임무에 참여했다. 또 침략군이 중국의 모처를 점거하면 그들은 자연히 점령지의 민정관에 임명되었다. 전쟁에서 승리하여 조약을 체결하는 과정에서 선교사들 또한 그 내막을 이해하고 통역직에 임용되었다.

이런 다양한 방면의 참여는 매우 보편적이었다. 예를 들면, 모리슨은 계속해서 동인도회사와 영국 주중상무감독으로 중국어 번역과 중국어 관리를 담당했고, 레이G.Lay는 영국의 난징조약 담판에 대표로 참여한 포팅거Pottinger의 전담 통역비서였고, 후일 영국 주광조우 수석영사에 임명되었다. 이 외에도 브릿지먼, 윌리암스, 파커 등 셀 수 없이 많다. 혹은 우리가 구츨라프를 비교적 상세한 사례로 사용할 수 있다. 그는 1840년 영국군이 중국 영토를 공격하여 북진할 때, 영국군의 통역과 정보관리로 임명되었다. 영국이 딩하이定海를 점령한 후 그는 점령지의 민정관으로 임명되어 딩하이를 통치했고, 1841년 영국군이 닝보寧波를 점령했을 때에는 닝보의 민정관으로 임명되었다. 1842년에는 쩐장鎭江의 민정관으로 옮겼으며, 난징조약 체결 시, 영국 측 통역사 중 한 명이었다.

둘째, 선교사의 외교업무 참여와 그 후의 중외담판

난징조약이 체결된 후, 영국과 기타 국가들은 중국에 대사를 주재시킬 권리를 얻었고, 이후 각국은 주중 사절을 임명하여 중국에 파견하였다. 초기에는 선교사들만 중국어에 능통하고 중국사회와 문화에 관해 대략적으로 이해하고 있었다. 따라서 선교사들 중 많은 인원이 전직轉職을 요청받아 모국의 주중 사절이 되었다. 예를 들면, 파커는 아편전쟁 후에 선교사직을 그만두고 외교가로 전환하여 1845년에서 1855년까지 미국 주중대사관의 일등참찬에 임명되었고, 그 후에도 전권위원으로 협력하였다. 윌리암스는 1856년에 교회업무를 사직하고 미국 주중대사관 일등참관과 통역관으로 임명되었고, 그 후 미국대사를 수행하여 중국과 텐진조약天津條約을 체결했다. 1876년까지 계속해서 일곱 차례의 대사관 업무를 처리했다.

선교사들은 자신들 모국의 요청을 받아 주중사절로 임명되었고, 중국에 상당히 불리한 영향을 미쳤다. 만약 우리가 19세기 서양열강이 중국에서 침략활동을 벌였고, 중국과 불평등조약을 맺었다는 것에 동의한다면 이런 활동에 참여한 선교사들이 그 중국침략의 혐의를 씻어야 하지만 그렇게 쉽지만은 않다. 1842년 이전, 선교사가 중국에서의 합법적인 체류권리를 얻지 못했을 때, 그들이 조약체결과 같은 일에 참여했다면 어찌할 도리가 없었던 일로 간주될 수 있다. 하지만 1842년 이후의 참여는 그들의 자유의지였을 뿐 불가결한 일은 아니었다고 말할 수 있다. 더 복잡한 것은 선교사와 외교관이라는 이중적이고 명백히 상이한 신분이 한 인물에게 집중되어 있을 때, 그가 내뱉는 말과 행동은 자연히 다른 사람들을 모호하게 만들고, 그가 어떤 신분으로 말하고 행동했는지 판단하기 어렵게 한다. 예를 들면, 파커가 외교관으로 전직한 후 미국정부가 중국침략을 강화하도록 적극적으로 요구하여 양쯔강 연안을 침략했다. 그는 또 미국이 대만을 점령하여 중국에 더 많은 권리를 협박하는 구실로 삼을 것을 건의하였다. 중국사학자들에게 그가 이런 주장을 했다는 것을 믿기 어렵게 하는 것은 종전 그의 중국선교 경험과는 그 어떤 연관관계도 없다는 것이다.

선교사의 외교관으로의 전직은 19세기 초기에만 국한되지 않고 20세기에도 존재했던 일이다. 예로 1949년 이전까지 미국의 마지막 주중대사로 임직했던 스튜어트J.L.Stuart는 원래 선교사로서 연경대학의 교장이었다.

셋째, 대부분의 선교사는 열강이 무력으로 중국을 침략하는 방법에 긍정적이었다.

앞에서 언급한 했던 것처럼, 초기 선교사들은 합법적인 중국체류신분을 얻기 위해 간접적으로 아편무역에 참여할 수밖에 없었다. 신분이 곤란했다는 연유로 이런 선교사들은 대부분 아편무역에 대해 침묵하고 비판하지 않았지만 대체로 선교사들은 중국인들의 아편흡입에 대해서는 대부분 반대하는 태도를 보였다. 가령 중국교인이나 전도인의 아편흡입이 발견되면 해고하고 출교시켰다. 또 19세기 말엽 이후에는 많은 선교사와 중국인 전도인들은 금연운동의 행렬에 헌신하였다. 따라서 우리는 선교사들의 아편에 대한 부정적 입장이 매우 분명했다고 개괄적으로 알 수 있다.

그러나 선교사의 아편에 대한 부정은 그들의 아편전쟁에 대한 관점과는 전혀 무관하다. 오늘날 접촉할 수 있는 자료로 말하면, 선교사들 절대다수는 이 전쟁에 긍정적이었다. 그들은 아편전쟁이 기독교국가와 적그리스도의 전쟁이라고 여겼기 때문이다. 또 전쟁의 발발은 실제로 중국인의 우매무지와 과대망상에 기초했고, 복음 거부에 의해 초래되었으므로 전쟁은 신의 주권이 중국에 나타난 것이라고 생각했다. 그들은 영국의 중국침략이 신의 뜻을 집행하는 행위로 간주했고, 이런 견해는 매우 보편적인 것이었다.

선교사 대부분은 아편이 아편전쟁에서 차지하는 위치를 무시했다. 당시 중국과 구미간에그 어떤 우편 · 통신 · 해운 서비스가 없는 상황에서 유일하게 양측을 연결시켰던 수단은 구미와 중국을 오가는 무역상선뿐이었다. 만약 선교사가 아편상의 미움을 사면 아주 불리한 상황에 처할 수 있었다. 한 미국 공리회의 선교사가 모국 선교회에 보낸 편지에서 그는 아편문제에 대해 비판하길 원치 않았고, 그렇지 않으면 불행한 결과를 가져올 것이라고 지적했다. 그는 닝보에서 선교하던 의사 맥고완J.Macgowan의 사례를 열거했는데, 맥고완은 아편문제에 대해 비판적인 견해를 보여 영국 아편상의 미움을 샀다. 결과적으로 아편상이 맥고완의 우편과 원조품 운송을 거부하면서 맥고완은 어쩔 수 없이 조용히 귀국하고 말았다. 그 밖에 나는 미안하게도 초기 중국선교사역 지원에 아편상도 일부를 차지하고 있었음을 지적하고 싶다. 예를 들면, 1849년 의료전도회가 홍콩에서 설립한 병원의 원장 허쉬버그 박사Dr.J.Hirshberg는 사직 시, 그가 속했던 런던선교회에 자신은 아편상을 용납하는 단체 안에서 사역하기가 어렵다고 말했다. 문제가 복잡하다는 것을 알 수 있다.

하지만 객관적인 관점에서 본다면, 19세기 중엽에 중국에 체류하는 선교사들은 한 미약한 무리일 뿐 그들이 당시 정국에 대해 어떤 영향력을 행사하기는 불가능했다. 따라서 우리는 그들이 영국의 대중국 정책을 시정시켜야 했다고 요구할 수 없다. 어느 시대의 사람이든 그의 사상이 그 시대의 다른 사람들의 보편적인 관점을 뛰어넘기는 어렵다. 한 19세기의 영국인 또는 미국인 또한 자연히 그들 모국이 중국에 했던 것이 어떤 일이었는지 통찰하기 어려웠을 것이다. 각 시대, 각 민족은 모두 맹점을 가지고 있고 아마 우리도 예외는 아닐 것이다. 앞에서 말한 바와 같이, 19

세기 말 선교사와 중국 전도인이 금연운동에서 보인 공헌은 분명한 것이었다.

넷째, 불평등조약과 선교의 관계

19세기, 중국은 열강의 무력위협으로 다수의 불평등조약을 체결했다. 이런 조약 가운데는 선교권리가 영토할양이나 전쟁배상과 관련된 조항과 함께 나열되어 있고, 중국이 열강에 상실했던 이권의 한 부분이었다.

선교는 왜 불평등조약과 연루되었을까? 이는 우리가 1강에서 언급했던 내용으로 거슬러 올라가야 한다. 옹정제 때부터 중국정부는 천주교의 중국선교를 금지했고, 조정 관직에 임명되었던 소수의 선교사를 제외한 모든 선교사는 추방당했다. 또 백성들이 천주교를 믿으면 사형에 처했다. 이런 금교령은 자연히 그 이후에 중국에 전래된 개신교에 대해서도 유효했다.

이처럼 엄혹한 금지제도 하에서 선교사역을 합법적으로 진행하기란 불가능했다. 비록 불법적인 선교사역이 계속되었지만 전체적으로는 극도의 위험과 불편을 수반했다. 따라서 복음의 씨앗이 자유롭게 중국의 토지 위에 파종되고 성장하려면 중국정부가 선교사역의 금교령을 해제하기만 기다려야 했다. 문제는 중국정부가 어떻게 아무런 이해를 따지지 않고 선교금령을 해제하느냐였다. 특히 전통가법家法을 존중하는 민족으로서 선조가 반포한 법령은 실제로 어떤 식으로든 개정하거나 무시할 수 없었다. 중국정부가 스스로 포기할 수 없는 이상, 그렇다면 나머지 방법은 강력하게 압박하여 포기하게 하는 것이었다. 당시 열강의 중국침략은 유일하게 찾을 수 있던 강력한 압박이었다.

우리는 다음과 같은 어려움을 볼 수 있을 것이다. 중국에 온 선교사들의 최대 목표는 복음을 중국인에게 전하는 일이다. 그들은 이 목표를 위해 자신의 명예와 부귀, 심지어 생명을 기꺼이 버릴 수 있었지만, 터무니없게도 복음을 전할 수 없는 국면에 처하게 되었다. 선교사들이 복음을 전하기를 원했고, 또 이것이 중국인에게 가장 필요한 것이라는 확신을 갖고 있었다면 그들이 어떤 수단을 사용해서라도 복음을 전할 수 있는 국면으로 전환시키려는 것은 꿈에서도 바라는 염원이었다. 그래서 그들은 모국정부가 중국과 불평등조약을 체결할 때, 아주 자연스럽게 자유선교의 권한을 그 속에 부가하도록 요구했던 것이다. 이는 피하기 어려운 어쩔 수 없는 일이었다.

우리가 선교와 불평등조약의 관계를 어떻게 평가하느냐와 상관없이 선교사는 변덕스런 사람들이 아니며, 본국의 정계에서 그들의 영향력은 극히 제한적이었다는 점을 전적으로 인정해야 한다. 또 서양열강은 선교지를 개척하려는 이유로 중국을 침략한 것이 아니라 그들이 고려했던 것은 무역으로 이익을 얻고자 하는 것뿐이었다. 긍정적으로 말하면, 비록 이런 선교문제와 같은 요인이 아니더라도 제국주의국가는 중국을 침략할 충분한 명분이 있었다. 그러므로 선교 보호 조항은 단지 그들이 중국과 각기 조약을 체결할 때 첨부한 하나의 항목일 따름이었다.

그러나 문제는 중국인이 이런 조약을 열강이 무력으로 중국을 능욕하고 강제로 체결한 불평등조약이며, 선교 자유 조항이 조약 내에 기입돼 있다는 것을 본다면 교회는 곤경에 빠질 것이고, 선교는 제국주의의 중국 침략과 연루되어 해명하기 힘든 소란에 휘말릴 것이다. 이것이 역사의 한 어려운 측면인 것이다.

불평등조약 중의 선교적 이점

19세기 중국과 열강이 체결한 다수의 불평등조약과 관련하여 여기서 세세히 서술할 수 없어 아래에 선교와 관련된 요점을 잡아 소개하고자 한다. 선교와 불평등조약의 관계는 대체로 두 부분으로 나눠 말할 수 있다. 첫째는 간접적 영향으로, 조약의 내용이 선교와 관계가 없으나 간접적으로 선교사역을 위해 어느 정도의 편리함이 제공되었다는 것이고, 둘째는 직접적 관련으로, 조약 내용이 선교사역에 직접적으로 맞춰져 있다는 것이다.

중국이 외국과 체결한 최초의 불평등조약은 1842년의 난징조약이다. 조약에서 중국이 광조우 등 5개항구를 개방하여 외국상인들이 중국에서 무역할 수 있도록 허락하였다. 또 난징조약 이후에 중국과 영국이 체결한 보충장정에 서양인은 정식으로 5개 무역개항장에서 자유롭게 출입하고 체류할 수 있는 권리를 획득했다. 이처럼 선교사는 서양인으로서 합법적으로 중국에서 체류할 수 있게 되어 추방될 염려를 하지 않게 되었다. 5구통상으로 선교사역은 매우 편리해졌다. 그 밖의 보충장정에 중국이 영국에 영사재판권의 특혜를 부여한 것은 선교사들도 다른 서양인과 마찬가지로 중국사법제도의 통제를 받지 않는 특권을 누리게 되었다는 말이다.

난징조약이 체결되고 일년 후, 중 · 영 쌍방은 재차 후먼조약虎門條約을 체결했다. 중국은 영국인이 합의된 5개 항구의 경계지역 내에서 건물을 건축하고 거주할 수 있도록 허가했고, 이 조항은 조계租界의 전신이 되었다. 이외에 중국은 또 영국에 최혜국대우를 부여하였다. 바꾸어 말하면, 중국이 만일 다른 국가와 어떤 조약을 체결하면 상대방에게 부여하는 어떤 이권이라도 영국이 자동으로 향유하게 하는, 소위 '이익균점'이라 할 수 있다. 이후 프랑스가 중국에서 천주교 선교사역을 개척하기 위해 중국에 행한 각종 선교개방 요구는 모두 영국과 미국 등 국가가 최혜국권리를 이용하여 개신교가 공유하도록 했다. 이상에서 말한 것은 모두 간접적인 영향이다.

1844년, 중국은 미국과 프랑스와 각각 왕샤조약望廈條約과 황푸조약黃埔條約을 체결했다. 조약에서 중국정부는 외국인이 5구 합의 경계지역 내에 주택 · 학교 · 병원 · 교회당을 건축할 수 있도록 허가했다. 이것은 명백히 직접 선교사역에 초점을 맞춘 것으로, 선교사의 선교 이유뿐만 아니라 어떤 서양인이라도 중국에서 학교와 병원, 교회당을 건축할 수 있다는 것이다.

당시 영국과 프랑스 영사는 중국정부가 건륭 연간에 제정한 선교와 종교생활 금지령을 철회할 것을 적극적으로 요구했다. 하지만 중국정부가 백성들이 서양종교를 믿는 것을 금지하는 것은 순전히 중국내정에 속하는 일이므로 영국과 프랑스가 국제조약에서 그 내용을 제기할 권리는 없었다. 결과적으로 외국의 압박으로 1845년 2월 1일, 중국은 정식으로 천주교 금지를 철회하여 백성들이 서양종교를 믿어도 징벌을 받지 않게 되었다. 개신교도 자연적으로 동일한 혜택을 누리게 되었다. 중국정부는 프랑스의 적극적인 요구에 1846년 2월 20일 강희제와 옹정제 시에 몰수된 천주교회당을 반환하도록 했다. 천주교회당 반환 허가는 이후 끊임없이 문제를 발생시켰고, 중국인들의 반종교정서를 더욱 부채질하였으며, 개신교도 이에 연루되었다. 뒤에서 다시 상술할 것이다.

1858년, 영 · 프 연합군이 텐진을 공격한 후, 중국은 영 · 프 · 미 · 러 4국과 텐진조약을 체결했다. 중국은 모든 영토를 전면적으로 개방했고 서양인이 각지를 마음대로 여행하도록 용인했다. 이는 모든 선교의 장애물이 제거되었으므로 외국선교사의 자유선교를 허용하는 것으로 이해할 수 있다. 이 밖에 텐진조약은 또 중국정부가 선교사와 중국교인을 보호하고, 차별대우를 받지 않도록 할 책임이 있다고 규정했다. 이 조항의 제정은 당시 많은 선교사들이 중국에서 중국인들의 습격과 공격을 당했던 까닭이었으나 중국정부는 충분하게 보호해 주지 않았고, 중국교인들은 서양종교를 믿는다는 이유만으로 질시와 박해를 당했으므로 영 · 프 등 국가는 조약으로 중국정부를 압박해 이 불리한 상황을 반드시 개선할 생각이었다. 그러나 선교보호 조약은 이후 선교사와 외국영사가 걸핏하면 중국의 사법소송에 개입하여 엄청난 재난과 충돌을 발생시키는 단초가 되었다. 중요한 것은 중국교인이 불평등 조약의 보호범위 내에 있다는 의미는 일단 한 중국인이 기독교로 개종하면 더 이상 일반적인 중국백성이 아니고, 반대로 국제조약에 따라 조약 배후에 버티고 있는 외국영사와 군함이 보장하는 계층이 되었다. 그도 그럴 것이 당시 많은 중국인들은 기독교인 한 명이 증가하면, 중국인 한 명이 감소한다고 생각했다.

중국정부가 텐진조약을 번복하여 그 효력을 인정하지 않자 결국 영 · 프 연합군이 다시 침입하여 북경을 공격했고, 중국은 재차 영 · 프 · 러와 베이징조약을 체결하게 되었다. 베이징조약의 내용은 대체로 텐진조약과 유사했는데, 유일하게 언급할 만한 것은 중 · 프 베이징조약에 통역을 담당한 한 프랑스 국적의 선교사 디 라마르De Lammarre가 중 · 프 베이징조약의 불어판에 없는 조항을 중문판에 개인적으로 첨가한 일이다. 첨가한 조약 내용은 곧 선교사가 각 성에서 토지를 임대하거나 매입하여 건물을 임의로 건축할 수 있다는 것이었다. 이 조항은 원래 프랑스대표가 요구한 것이 아니라 그 천주교 선교사가 선교사역을 편리하게 하기 위해 불법적으로 첨가한 내용이었다. 당시의 중국인들은 불어에 무지했으므로 대조해 볼 수 없었다. 비록 나중에 발각되었지만 이미 수십 년을 계속해서 사용했으므로 추궁을 하기에는 시간이 너무 지나버린 뒤였다. 어쨌든 선교사들은 이 불법조항에 따라 5개 항구 이외의 전 중국 어느 지역을 막론하고 토지와 건물을 구입할 수 있게 되었고, 교회당과 각종 선교에 사용되는 시설을 건축하고 설립하기에 이르렀다.

1860년 이후, 선교와 각종 관련활동과 건축은 모두 불평등조약의 보호 하에서 합법적으로 시행되었다. 단기적인 각도에서 보면, 이는 중국의 선교사역장을 개척하고 선교를 저해하는 각종 관청의 방해물을 제거한 것으로 복음의 문을 확실히 뚫었다는 것은 틀림없다. 하지만 장기적인 각도에서는 선교사역이 불평등조약과 연루되어 정치적인 보호를 받게 되면서 발생하게 된 재난과 뿌려진 적대감은 셀 수 없을 정도로 많았다. 그것은 이후 중국교회가 뿌리를 내리고 성장하기 위해 필요한 옥토와는 달리너무도 나쁜 토양을 미리 마련해둔 것이었다. 기독교는 시종 중국인이 서양종교에 종속된 인상을 주어 중국문화 속에 접목될 방법이 없었다. 더 불행한 것은 중국인이 기독교를 제국주의의 중국침략의 도구라고 끊임없이 오해하고 질책하는 구실로 남겨 두었다는 것이다. 이런 죄상은 19세기 말기부터 시작되어 오늘날까지 중국인과 역사학자들의 기억에 여전히 존재하고 있다.

기독교는 제국주의의 중국침략 도구인가?

선교와 불평등조약의 모든 관계를 분석한 후, 우리는 '기독교는 제국주의의 중국침략의 도구' 라는 비판의 진실성을 한층 더 검토할 것이다.

비록 이런 고발의 역사가 장기적이고 광범위하게 다양한 시기에 존재했지만 주로 대륙의 역사학자와 일부 국외 근대역사학자만 이런 의견을 고집할 뿐이다. 대륙의 역사학자들은 선교역사에 관해 그들의 특별한 해석방식을 갖고 있다. 예를 들면, 선교사가 농지를 임대 또는 매입하는 것은 반드시 '강점' 으로 치부하고, 선교여행은 곧 '정보정탐' 으로 취급하는 식이다. 이런 특정 어휘가 확정되어 사용된 만큼 반박은 불필요하다. 그들의 선교사에 대한 질책은 대체적으로 다섯 가지로 분류할 수 있다.

1. 선교사의 정보수집은 그들 모국의 침략행동을 돕기 위한 것이다.
2. 선교사는 군사활동에 참여했다.
3. 선교사는 불평등조약 체결에 참여했다.
4. 선교사는 문화침략을 진행했다.
5. 선교사는 종종 각 모국 영사에게 고발하여 정치세력이 선교활동을 비호하게 했다.

이 다섯 가지 증거는 그들의 '기독교는 제국주의의 중국 침략의 도구' 라는 공격을 종합한 것이다. 다음 우리는 그 중의 두 가지에 답변을 해보고자 한다.

선교사가 정보수집 활동을 진행하여 그들 모국의 중국침략에 협력하였는가? 이것은 두 부분으로 나눠 말해야 한다. 첫째, 전쟁기간에 만약 선교사가 침략군대에 고용되어 정보요원이 되었다면 그의 주임무는 자연히 정보수집으로서 이것은 의심할 여지가 없다. 당시 그의 신분은 단지 군의 정보요원이지 선교사가 아니었다. 그는 선교사 신분으로 정보수집을 행한 것이 아니므로 우리도 정보수집활동과 선교가 직접적인 관계가 있다고 말할 수 없다. 둘째, 만약 이런 질책이 평소 일반적인 지적이라면 선교사가 집필한 문장과 출판한 간행물 그리고 그들이 토의하고 소개한 중국관련 각종 정보 또한 일종의 정보수집 업무로 간주할 수 있으므로 선교사가 정보수집을 했다는 주장은 마땅히 왜곡되고 날조된 것으로 볼 수 있다. 사실상 초기 선교사의 열망은 중국사회와 문화의 진면목을 이해하는 것이었고, 목적은 순전히 선교의 편리를 위한 것으로서 그들은 복음 전도대상에 대해 이해하고자 했던 것이다. 또 그들이 발간한 간행물도 그 연구성과를 포함하고 있고, 본국의 기독교인들에게 소개하여 더 많은 계승자들이 중국선교사역에 헌신하도록 하기 위한 것이었다. 이런 자료가 중국침략을 위한 자료로 사용되었을 수도 있지만 선교사가 이런 자료를 탐구하고 편찬한 원래 동기는 아니다. 작자는 독자에게 그의 작품을 어떻게 사용하라고 부담을 주지는 않는다. 따라서 첫 번째 질책은 어떤 근거도 없다.

두 번째와 세 번째는 선교사가 군사활동과 조약체결에 참여했다는 것으로 앞에서 이미 상세히 언급하였으므로 여기서는 반복하지 않겠다. 단지 강조하고 싶은 한 가지는 선교사가 제국주의의 중국침략과 불평등조약 체결에 참여하는 과정에서 맡은 역할이 그다지 크지 않았다는 점이다. 주로 언어 통역 일을 맡았으므로 그들은 결코 큰 권한을 가진 인물이 아니었다. 영미 제국의 중국침략정책은 정리와 계획단계에서 선교사들은 어떤 영향력도 발휘할 수 없었으므로 선교는 절대로 제국주의의 중국침략의 원인과 목적이 아니다. 각 선교사의 정치적 입장과 선택을 모든 '선교사가 제국주의의 중국침략의 앞잡이' 라고 판단해서는 안되고, 기독교가 제국주의의 중국침략의 도구라는 것과도 무관하다. 그들의 정치적 입장은 기독교신앙에서 온 것이 아니라 19세기 서양의 확장주의시대의 산물일 뿐이다.

선교사가 문화침략을 진행했다는 문제에 관해서는 처리하기가 쉽지 않다. 주 원인은 '문화침략' 이란 이 네 글자의 의미가 모호하여 실제로 그

의미를 확정하기가 어렵기 때문이다. 우리는 문화교류 추진과 문화침략 진행의 양자간에 경계선을 어떻게 명확하게 그을 수 있을까? 아마 유일한 판단기준은 중국인이 이런 새로 수입된 문화를 수용하려 했는지, 또는 모든 문화수입의 과정이 어떤 강제성을 내포했는가에 맞춰질 것이다. 이에 대해 우리가 긍정적으로 말한다면 이런 판단기준 하에서 선교사는 문화침략을 진행했다고 보이는 어떤 이유도 없다. 선교사들이 만청滿淸 시작부터 고취시킨 서구화개혁은 출판과 학교 설립, 중국사대부 계층과의 왕래 등의 활동이었는데, 모두 열강이 배후에서 무력으로 지원하여 이뤄진 일이 아니다. 또한 그들의 활동과 주장도 그렇게 개혁사상을 가진 사대부의 폭넓은 환영을 받았고 당시 추진했던 서구화개혁은 상당한 영향을 끼쳤다. 이는 중국근대화에 대한 공헌이라 말할 수 있을 뿐 문화침략과는 관계가 없다. 선교사의 학교설립과 개혁주장 견해에 대해서도 마찬가지로 '숭영崇英'·'숭미崇美' 사상을 확산시켜 중국인들의 제국주의 침략에 대해 경각심을 쇠퇴시킨다는 억지를 부린다. 선교사는 일방적인 열망의 관점에 기초하여 그들의 모국이 중국에 선의를 베풀 것을 확신하였으므로 중외합작과 국제우호를 고취시키고, 심지어 중국을 영국에게 맡겨 공동관리할 것을 제안했다. 이는 중국인이 볼 때 대역무도한 언사지만 이는 인식부족으로 인한 소치일 뿐이지 절대로 타인의 조종을 받은 것은 아니었다. 또 개인의견으로서 근본적으로 외교정책상의 어떤 영향도 끼치지 못했다. 따라서 우리는 가능한 한 이런 관점에 반대하지만 단순히 정치적인 입장에서 바라본 것일 뿐 침략과 관계가 있다고 할 수 없다. 또한 일부 사람들[10]은 중국이 자체의 종교를 갖고 있으므로 서구화를 진행

10) 주로 근대 신유가

한다고 해서 동시에 종교까지 수입할 필요는 없고, 유가의 지배력이나 독점적 지위에 도전하게 해서는 안 된다고 생각했다. 이는 단지 '중체서용론中體西用論의 또 다른 판본에 불과한 것으로 전혀 반박할 가치가 없다. 정리하면, 선교사는 근대역사에서 서양문화를 수입했고, 중국의 서구화개혁에 협력했으며, 문화교류 촉진에 중대한 역할을 했을 뿐, 그들은 절대 문화 침략자가 아니다.

다섯 번째 질책은 약간 복잡한 배경과 관련되어 있으므로 5강에서 상세하게 다루고 토론할 것이다.

질책을 받는이런 몇 가지 사실을대강 이해하고 나면, 설사 우리가 이미 발생한 불행하고 어쩔 수 없는 일련의 사실을 해석해내지 못하더라도 여전히 충분한 이유를 제시할 수는 있다. 일부 선교사가 불평등조약 체결에 참여했다는 식의 사실이 존재하더라도 '기독교는 제국주의의 중국침략의 도구' 라는 비판이 고착화되어서는 안 된다.

중국 침략을 옹호하는 주장

그러나 19세기부터 선교사들은 중국에 대한 무력 침략과 불평등조약에 대해 종종 옹호하는 주장이 있었다. 오늘날 교회의 선교사역이 반성해야 할 점이다.

선교사들이 서양열강이 중국을 무력으로 침략하고 불평등조약을 체결하도록 협박하는 것에 찬성했던 과정은 각자 서로 다른 이유가 있었겠지만 대체로 다음 네 가지로 종합해 볼 수 있다.

첫 번째, 가장 중요한 이유로서 중국에서의 선교사역이 최대의 장애에 직면했기 때문이다. 이 장애는 정치세력이 아니면 제거할 수 없는 것이고,

선교장애는 중국정부에 의해 만들어진 것으로서 책임도 자연히 정부가 져야 했다.

두 번째 관점은 중국정부는 논리적으로 설명하여 이해시킬 수 있는 대상이 아니었으므로 중국인과 회담하는 것은 의미가 없었다. 유일하게 중국을 승복시키는 방법은 무력을 사용하여 굴복시키는 것뿐이었다. 이 관점이 완전히 틀린 것은 아니다. 중국인은 강자에게 약하고, 약자에게 강하지 않은 지, 루쉰이 쓴 아Q의 정신[11]을 갖고 있지 않은 지에 대해서는 작자도 중화민족의 한 사람으로서 사실 객관적으로 평론하기 어렵다. 하지만 인정할 수 밖에 없는 점은 중국의 정치권력에 대한 관점이 서양과 다른 관계로, 근대역사에서 중앙정부는 대표를 보내 서양열강과 조약의 초안을 두고 회담했고, 또 왕왕 황제에 의해 성급하게 번복되었으며, 심지어 회담대표조차도 수 차례 회담장에 나타나지 않았다. 이런 반복되는 태도는 서양을 격분시켰고, 이에 중국인은 신의가 없고 강자에게 약하고, 약자에게 강하다는 인상을 심어주었던 것도 사실이다.

세 번째 관점은 열강과 중국의 불평등조약은 사실상 국제법의 원칙에 부합된다고 생각했다. 서양 각국은 중국에서 단지 인권과 평등외교, 상호 합리적인 공존, 자국민 보호 등 자연적인 권리를 요구했고, 이런 요구는 도리에 맞는 것이었다.

네 번째 관점은 신학적인 이유에 기초했다. 19세기 서양은 이원론적 문화관이 보편적으로 존재하고 있었기 때문이다. 곧 그들은 세계를 기독교와 이교로 양분하고 있었다. 구미 각 국가는 기독교국가이고, 문화는 기독교문화였다. 또 그들이 모든 서양문화 이외의 것은 이교문화로 취급

---

11) 노예근성

하는 것은 매우 보편적인 사상이었다. 따라서 대다수 선교사는 중국문화에 대해 상당히 적대적이고 부정적인 태도를 취했고, 심지어 중국문화를 사탄의 세력으로 비유했으므로 무력으로 사탄을 대적하는 일은 당연한 것이었다.

마찬가지로 신학적인 이유에 의해 모든 무력 침략행동은 하나님의 계획 안에 있었고, 하나님은 전쟁을 통해 중국인을 심판하시며, 신은 나쁜 일을 좋은 일로 변화시키는데, 마치 이스라엘이 바벨론의 침략을 통해 신앙적으로 각성했던 것과 같다고 생각했다. 만약 불평등조약으로라도 중국인이 거만한 태도를 버리고 겸손한 마음으로 복음을 받아들인다면 그들에게 더 유익이 되고, 전쟁의 고난으로 중국인은 신앙적으로 각성하게 되므로 고난은 결코 무익한 것만은 아니라고 생각했다.

이상의 여러 가지 원인으로 우리는 적어도 세 가지의 중요한 선교과제를 생각하게 된다.

첫째는 목적과 수단 부분이다. 선한 목적을 이루기 위해 선하지 않은 수단을 사용해서 성취해도 되는가? 성경과 역사에서 우리는 틀림없이 하나님이 자연과 인위적인 재난을 사용하여 사람이 회개하고 돌아오도록 하는 것을 보았거나 신앙적으로 개인적인 더 깊은 체험이 있을 것이다. 그러나 사람이 동일한 일을 행할 권리가 있는가, 혹은 자기를 하나님의 화신으로 여기고 자연재해성 심판과 각성을 대신 행할 수 있는가? 또한 비록 악행이 선한 목적을 만들 수 있더라도 이는 이 악행을 합리화하는 것이고 심지어 악행을 선한 일로 바꾸어 악행을 저지른 사람들이 책임을 회피하게 하는 것은 아닌가?

특별히 복음전도사역에서 우리는 종종 '사람보다 하나님을 순종하는 것이 마땅하니라' 는 진리를 강조한다. 이는 틀림없는 성경적 교훈으로 하나님 이외의 권세가 복음전도를 막지 못한다는 말이다. 우리가 우선적으로 여기는 순종의 대상은 하나님이다. 하지만 '하나님께 순종한다'는 것은 무엇인가? 방법과 수단에 관계없이 모든 복음전도는 신에게 순종하는 것인가? 복음전도라는 선한 목적은 모든 '법률 외적'[12]인 행위를 합리화할 수 있는가? 거기에 경계[13]가 있는가? 당시 베드로가 이 말씀을 했을 때, 그의 처지는 어떠했는가? 이 말을 어느 정도까지 응용할 수 있는가? 이것들은 우리가 생각해 볼만한 과제이다.

둘째는 예정론의 문제이다. 이중예정론二重豫定論은 교회 역사상 19세기부터 논쟁을 겪기 시작한 문제였다. 결국 의인은 신의 예정으로 선택되었고, 죄인도 마찬가지로 신의 예정으로 멸망되었다는 것인가? 이 문제는 진일보하여 세상의 아름답고 선한 것은 물론 신의 은혜로 공급된 것이지만 인간이 직접 만들었거나 혹은 인간의 죄악으로 인해 신이 만든 자연법칙을 파괴하고 재앙을 자초한 것 이외에 세상에서 일어나는 재해와 죄악이 신이 인간을 징계하는 징표로 간주할 수 있느냐로 발전되었다. 선한 신이 물론 궁극적 선을 위해 일시적 악을 나타낼 수도 있지만 크리스찬이 만약 성급하게 '일시적 악'[14]을 신에게 전가시킨다면 상당히 위험한 일이다. 나는 제국주의의 중국침략은 신이 복음의 문을 열기 위해 사용한 것이라는 얘기를 들은 적이 있다. 이렇게 말하는 것은 마치 제국주의의 중국침략이 신이 직접 계획한 것 같아 보인다. 분명 신의 허락을 얻지 못한 일이라면 발생하지 않았겠지만 신의 간여와 용인이 없는 죄악은 사람

---

12) 정부의 법률을 위배하는 전도가 더 높은 하나님의 법률에 부합하면 그것을 '불법'이라 부르지 않는다고 말하기도 한다.

13) 폭력을 사용하거나 침입자의 자유의지는 허락되지 않아야 하는가와 같은.

14) 암이나 에이즈 같은 병이 신의 심판이다.

의 악행이나 자연법칙에 의해 만들어진 것이지, 신이 의도적으로 집행한 것과는 다르기 때문이다.

셋째는 신앙과 문화의 관계이다. 기독교는 서양문화와 완전히 결부된 동일한 것인가? 크리스찬은 외국의 이교문화를 어떻게 보는가? 만약 그 외국문화와 기독교가 서로 협조하지 못하고 심지어 상호 충돌한다면 우리는 어떤 관점으로 평가해야 하는가? 이는 선교학의 중요한 토론과제이다. 위안이 될 만한 것은 세계를 단순히 기독교문화와 이교문화로 양분하던 관점은 이미 폐기되었다는 점이다.

이 세 가지 과제 외에 정교관계와 신의 계획 및 인간의 책임(특히 시대별), 그리고 기독교가 이런 민감한 시기에 중국에 들어와 후일 중국교회의 발전에 미친 화복禍福은 심도 깊게 토론할 문제이다.

이상에서 제기한 일련의 문제를 여기서 모두 처리할 수는 없다. 그것은 답안을 구하는 것이 불가능하다거나 필자가 개인의 관점을 속이는 것이 아니라 그저 극히 복잡하고 또 엄청난 파급력을 갖고 있는 과제이기 때문이다. 근본적으로 몇 마디 말로 분명해질 수 있는 것도 아니고, 가령 우리가 간단한 답변을 거부하는 태도를 갖고 있더라도 이후 진일보한 토론을 남겨둘 수 밖에 없다.

제 4 강

선교전략의 평가(1860~1880)

선교의 일반적 개황

1860년, 대략적인 선교 보호조항이 체결되었다. 선교사역은 충분한 자유를 얻게 되었고 모든 정치적 장애는 제거되었다. 공교롭게도 이 시기는 구미 각국의 중국선교자원이 대폭 증가하여 선교사역의 전면적인 개방과 호응하게 됨으로써 사역은 대단한 발전을 이루게 되었다.

서양의 중국선교자원이 증가한 원인으로 두 가지를 들 수 있다. 첫째, 19세기 하반기 구미 각국이 급속도의 경제발전을 이룬 결과 자원이 충분해진 점이다. 미국은 1860년대 전반까지 남북전쟁의 어려움이 있었지만 남부에만 심각한 영향을 미쳤을 뿐 종전 후 곧 국가경제는 전반적인 발전을 이루었다. 둘째, 경제적 호경기와 함께 구미 각국에서는 대규모 종교부흥운동이 계속적으로 일어났다. 무디 목사와 같은 유명 전도자들이 영국과 스코틀랜드, 미국에서 큰 영향을 일으켰고, 많은 기독교도들이 전도사역에 헌신하도록 했다. 당시의 학생사역은 특히 중요한데, 1856년에 설립된 기독교청년회YMCA 외에도 전도자들은 영국과 미국의 대학캠퍼스에서 최선을 다해 해외선교의 이상을 확대시켰다. 그리하여 학생 해외

선교 지원운동[15]을 활발하게 추진할 수 있게 되었다. 해외선교의 구호는 사방에서 울렸고 수많은 청년과 재원이 각 선교사역장에 투입되었다. 중국을 예로 들면, 당시 중국으로 파송된 선교사는 1858년의 81명에서 1893년에는 1324명으로 대폭 급증했다.

사역지 개방은 자원의 증가와 함께 전체적인 선교 추세가 전환기를 맞이하도록 했다.

중국에 온 후, 광주나 홍콩 등지에서 사역하던 초기 선교사들은 대부분 북쪽으로 이주하게 되었다. 이는 화남의 주민 사이에 배외정서가 팽배해져 선교효과가 미약하게 되자 계속 잔류할 가치를 느끼지 못했기 때문이었다. 더욱이 그들이 중국에 온지도 이미 어느 정도 시간이 지나 언어나 일반 사회와 문화를 막론하고 상당한 이해를 갖게 되었고, 북방이나 내륙의 새로운 선교사역지를 개척하여 새로운 기회를 갖고자 했기 때문이다. 사실상, 광주나 홍콩으로부터의 북상은 선교사의 개별적인 선택이기도 했지만 모든 선교단체의 전략으로도 볼 수 있다. 런던선교회와 미국해외선교회[16]는 최초로 마카오에 진출한 선교회로서 두 단체 모두 화남에서의 사역을 마무리하고, 사역방향을 북방으로 확대시켰다.[17] 하지만 이로써 화남의 선교사역이 완전히 중단되었음을 의미하는 것은 아니다. 화남지역을 떠난 선교회와 선교사의 공백은 빠른 시간 내에 더 많은 신입 선교사들에 의해 채워졌다.

그러나 선교의 유동상황은 하나의 중요한 사실을 반영한다. 전국적인 선교 중심이 종전의 광주와 홍콩으로부터 상하이와 같은 신개방지역과

---

15) Movement for Foreign Missions

16) American Board of Commissioners for Foreign Missions

17) 런던선교회는 19세기 말에 화남사역을 다시 시작했다.

양자강 입구에 위치한 항구로 옮겨졌다는 점이다. 상하이는 위치적으로 적합하고 교통이 편리했으므로 대부분 선교조직의 후방기지와 전국적인 선교회 본부, 대규모 종교회의가 모두 여기에서 집중적으로 설립되고 개최되었다.

당시 중국은 교통이 발달하지 못해 운수와 보급에 어려움이 많았던 관계로 절대 다수의 선교사역이 동부의 연안 대도시, 북부의 베이징 · 텐진 · 산동과 동북 3성 일대, 중남부의 양쯔강 유역과 강남의 평원지역 및 화남의 광동과 푸젠성에 집중될 수 밖에 없었다. 그 중 푸젠성의 선교사역이 가장 성공적이었는데, 기독교인 숫자가 전국에서 가장 많았을 뿐 아니라 선교사역도 가장 활발하였다.[18] 내륙의 복음사역은 내지회[19]가 설립된 후에야 비로소 개선되기는 했지만 비교상대가 되지 못했다.

선교전략

중국 선교사역은 직접적인 전도사역 외에 대개 교육, 의료, 자선 · 구제 사역으로 대략 세 부분으로 나눈다. 2강에서 소개했던 바와 같이 이 사역들은 초기 선교사들이 중국에 들어오고 얼마 후 채택되어 1949년 중국인민공화국 건국으로 지구상 최대의 선교사역장이라는 이름을 내려놓을 때까지 계속되었다. 백 여 년간, 이 사역들은 전체 중국선교역사에서 중요한 역할을 차지하였다.

전문단체는 말할 필요도 없고, 중국교인으로 구성된 공동체 설립을 목

18) 1920년대 선교구 구획 시, 푸젠은 화북, 화동, 화남, 화서, 화중 5개 구역과 함께 제6구역이 되었는데, 1개 성이 1개 구역로 구획되었다.
19) China Inland Mission

표로 했던 대부분의 선교회는 많든 적든 교육과 의료 및 자선사역을 추진하였다. 그 숫자는 방대하였고 사역의 종류와 범위도 광범위하여 일일이 열거하기 어렵다. 따라서 다음에서 우리는 단지 각 부문의 선교사역의 중요한 발전궤적과 부수적으로 발생한 다양한 문제에 대해 개괄적으로 서술하고 집중적으로 그 선교효과를 토론할 것이다. 이런 사역이 그 자체로 충분한 존재가치를 지닌다 할지라도 만약 선교사가 중국에 온 가장 중요한 동기가 기독교신앙을 전파하기 위한 것이라고 인정한다면 이를 각 사역의 평가기준으로 삼을 만한 이유가 된다.

1. 설교와 문서전도

선교사가 먼 이국땅 중국으로 온 목적은 중국인을 기독교로 개종시키기 위함이다. 그러므로 객관적인 조건이 허락된 상황에서 공개적으로 말씀을 전하는 것은 자연히 가장 주된 사역방식이 되었고, 이는 통상적으로 다양한 형식으로 진행되었다. 선교사는 마을의 한 강당을 임대하여 매일 대문을 활짝 열어 두고, 자신이나 또는 일부 고용된 현지 조수들이 문 밖에서 길가는 사람들을 집 안으로 초청하거나 끌어들여 설교를 듣게 했을 것이다. 또 1842년 선교사들이 합법적으로 중국에서 체류하고 활동할 수 있게 되자, 선교사는 현지 조수와 함께 길거리나 시장의 사람들이 밀집한 지역에 서서 공개적으로 노상전도를 했을 것이다. 이런 공개적인 설교는 일반적으로 전도지 배포사역과 함께 진행되었다.

선교사가 도달한 지방은 전열을 가다듬고 선교기지를 설립한 후, 인근 지역에 시험적으로 전도여행을 했는데, 이는 다양한 지역에서 기독교에 대한 반응을 관찰하기 위함이었다. 가령 모 지역의 선교효과가 양호하다면 그 지역에 선교거점을 만들고 현지 전도인을 파견하여 건물을 구입함으로써 장기적인 사역에 돌입했다.

전도여행과 전도지 배포는 선교사들의 주된 선교방식이었다. 직접적으로 기독교신앙을 최단 시간 내에 가장 많은 사람들에게 전달할 수 있다는 장점이 있다. 전단지를 작성하거나 인쇄 · 제작하는 비용이 비교적 비싸다는 것 외에는 전체적으로 선교방식이 특별한 자원과 장기적인 투자가 전혀 필요치 않았다. 막 중국에 도착하여 중국어를 한마디도 알아듣지 못하고 말하지 못하는 선교사도 현지 전도인의 협조 아래 곧장 사역지에 투입되어 전도지를 배포할 수 있었다. 이렇게 신속하고 간편한 선교방식은 새 사역지 개척을 위한 시험적 사역을 하기에는 안성맞춤이었다.

하지만 선교효과에 있어 전도여행과 전도지 배포는 그다지 훌륭한 선교방식은 아니었다. 선교사가 가두에 서서 혹은 강당을 빌려 전도하는 방식은 일부 서양인에게 호기심을 가진 사람들의 발을 멈추게 하여 복음을 듣게 할 수는 있었다. 하지만 복음이란 주제의 거리감에 문화와 종교적인 엄중한 차이가 더해져 결국 비웃거나 비방하며 자리를 떠나는 것이 가장 일반적인 반응이었다. 선교사가 감언이설로 백성들을 유혹하고 모욕한다는 빌미로 추방하는 심각한 상황도 벌어졌다. 선교사가 배를 타고 강을 따라 전도여행을 하다 보면 사람들이 불을 지르거나 돌을 던지는 일은 일상적이었고, 심지어 온 마을사람들이 동원되어 그들을 마을 밖으로 쫓아내기도 했다. 이런 상황은 줄곧 이런 선교방식에 수반된 것으로서 20세기가 될 때까지 흔히 발생하였다.

전도지 배포는 본래 백성들의 시기심과 적개심을 해소하는 좋은 방법이었다. 중국사회 특히 농촌에는 자원이 결핍된데다 사람들의 욕심이 가미되어 공짜로 얻을 수 있는 물건이라면 언제나 환영 받았고, 일부 지방에서는 전도지를 강탈하는 소란이 있기도 했다. 그러나 전도지 배포방식에 관한 기술적인 능력은 매우 부족했다. 첫째, 전도지 내용은 선교사와 현지 전도인이 쓴 것으로서 선교사들의 중국어 능력이 부족하여 그 내용이 형편없었고, 초기의 현지전도인들 역시 대부분 가난한 하급계층으로서 모두 문맹이라 말할 수는 없지만 겨우 최소한의 교육만을 받은 사람들에 불과했기 때문이었다. 그들의 협력으로 작성한 전도지는 자연히 문어체와 구어체가 혼용되었고, 의미가 불분명했으며 글의 구성방식이 상통하지 않았다. 둘째, 중국인에게 기독교신앙은 순전히 수입품이었다. 대부분의 종교개념은 원래의 중문어휘에서 찾을 수 없는 것으로서 번역시 전통적인 유 · 불 · 도 3교의 어휘와 개념을 상당수 차용할 수 밖에 없었다. 이런 상황이 전도지 내용을 더욱 모호하게 하고 이해하기 어렵게 만들었다. 전도지를 읽고 기독교로 개종한다는 것은 힘들고도 어려운 일이었다. 단지 홍수전이 이도 저도 아닌 「배상제교拜上帝教」를 생산해냈을 뿐이다. 이후 전도지의 어문 수준은 많이 개선되었고 유사한 오해는 중복되지 않았지만 복음효과는 여전히 기대할 만하지 못했다. 필자가 지금까지 접촉했던 역사자료에는 단 한 사람만이 전도지와 관계되어 교인이 된 것을 보았다.[20)]

전도지가 대대적으로 배포된 후, 선교사들은 이런 전도지가 사람들에 의해 폐지형태로 수집되어 상점에서 약품이나 과일을 포장하는 용도로 사용된다는 것을 발견하게 되었다. 일부 선교사들이 이런 상황을 기술한 글을 토대로 전도지 배포의 효과와 용도를 알 수 있다. 전도지 배포는 막대한 비용이 지출되고 그 효과가 기대할 만하지 못했기 때문에, 선교사들은 일찍이 1830년대 말기에 엄청난 자원을 성과 없는 사역에 투자하기보

20) 전체를 대표할 수는 없지만 최소 부분적인 사실을 반영할 수는 있다.

다는 교육방면에 사용하는 것이 효과적이라는 의견을 제기하기에 이르렀다.

전도여행과 전도지 배포 사역의 성과가 매우 미흡했던 결과, 이 사역은 더 이상 실행하기 어려운 곤란한 지경에 처하거나 제대로 대우받지 못하는 처지가 되었다. 좌절감이 매우 컸던 사역이라 말할 수 있다.

하지만 전도자들 중에서 이 전도사역을 효과적으로 평가하자고 제안하거나 심지어 중지하자는 의견이 많았던 것도 아니다. 전도여행과 전도지 배포방식은 현재까지 여전히 사용되고 있고, 중국교회 역사상 시종 중요한 전도방식이었다. 그러나 긍정적인 측면은 전도여행과 전도지 배포처럼 직접적으로 신앙을 전달하는 선교방식Direct Evangelism이 그다지 효과적이지 못함으로 써 결국 많은 선교사들이 다른 선교방식으로 사역을 전환하고 모색하도록 자극했다는 점이다. 19세기, 극히 소수의 선교사만이 교육이나 의료에 대한 순수한 목적을 갖고 중국에 왔고, 영혼구원의 열정이 그들의 발걸음을 옮겨 놓았지만 직접선교가 무익했던 까닭에 마침내 점진적으로 다음과 같은 간접선교방식Indirect Evangelsm을 도입하게 되었다.

2. 교육사역

교육은 앞에서 언급한 바와 같이 중국선교사들이 아주 일찍이 채택한 선교방식이다. 남양과 중국 국경 내에서 모두 시행되었다. 교육선교가 시행된 목적은 세 가지이다. 첫째, 현지 전도인 훈련이다. 밀른이 말라카에서 설립한 학교의 가장 중요한 동기가 본래 여기에 있었다. 이는 선교사들이 일찍부터 구상했던 것이었지만 그 실행은 매우 늦었다고 말할 수 있다. 1880년대 초에 비로소 각 중국선교회는 조금씩 전통적인 반학습도제식의 현지 전도인의 훈련방식을 벗어나 정규 신학과정을 도입했다.

하지만 신학교육은 다른 각급 중학교 · 소학교와 연계된 것으로서 선교중학교의 최고급반 또는 중학을 마친 후 진학하는 대학과정이었다. 어쨌든 이런 연계는 선교사들이 여전히 현지 전도인 훈련을 각급 교육사업의 궁극적인 목표로 삼고 있었다는 점을 반영하는 것이었다. 실제 상황이 이와 같지는 않았지만 말이다.

둘째 목적은 전도였다. 선교사가 선교에 대해 순수하게 자각하고 있었다면, 학교설립의 장점은 고정적으로 약간의 학생들을 청중으로 붙잡아 두고, 조직적으로 그들에게 기독교신앙을 가르치면서 그들이 신앙을 받아들일지를 고민하는 충분한 시간과 기회를 부여한다는 것이다. 이는 목적 없이 씨를 뿌리는 사역 보다는 낫다고 생각했다. 선교사들은 더 나아가 스승을 존경하고 도리를 중시하는 중국의 전통에 기초하여 일단 자녀가 선교학교의 학생이 되면 선교사를 대하는 학부모의 태도가 변했고, 선교사는 가정방문 등의 이유로 학생들의 가정에 들어갈 수 있다는 것을 알게 되었다. 이로써 선교기회는 대폭 늘어나게 되는 것이었다.

셋째 목적은 교인의 자녀에게 교육을 제공한다는 것이다. 19세기에 중국에 온 선교사의 절대다수는 강렬한 백인문화 우월주의에 빠져 있었고, 이원적 세계관과 문화관[21)]을 갖고 있었다. 그들은 중국이 이교국가에 속하고 그 문화 또한 진리를 대적하는 이교주의Heathenism에 속한다고 여겼다. 따라서 선교사와 현지 전도인은 단지 선교를 돕는 수단으로 중국어와 중국문화를 학습했지만, 일반 평교인들이이교주의에 오염되는 것을 원하지 않았고, 교인 자녀의 교육을 책임져야 한다는 부담을 자각하고 있었다.

21) 세계적으로 기독교국가와 이교국가의 두 종류가 있고, 문화도 이같이 나눌 수 있으며, 기독교를 믿는 서양이 가진 문화는 자연히 기독교문화이고, 그 밖의 다른 것은 이교문화라고 생각했다.

따라서 선교사의 학교설립은 교인 자녀에게 그리스도 신앙에 부합하는 서양교육을 제공하기 위한 것이었다.

선교사들은 이 세 가지 목표에 근거해서 다양한 유형의 학교를 설립하였다. 단지 전도 목표로만 말한다면 '일인학교'가 가장 간단하고 편리한 방식이다. 선교사가 작은 집 한 채를 임대하거나 자신의 거처를 이용하여 책걸상 몇 개만 더하면 교실로 바꿀 수 있었다. 현지 선생을 초빙하여 반나절 동안 중국어 계몽과목을 담당하게 하고, 나머지 반나절은 선교사나 현지 전도인이 성경과목을 책임졌다. 커리큘럼과 교과서에도 문제가 없었다. 전통적인 계몽교과서를 채택하면 되었다. 유일한 문제는 학생모집이었다. 부자들은 유능한 개인교사를 초빙하면 되었으므로 서양인이 설립한 학교에 들어갈 필요가 없었다. 또 가난한 사람은 교육의 필요성을 느끼지 못했고, 자녀를 학교에 보내는 것은 단지 가정의 노동력을 감소시킬 뿐이었다. 선교사들은 학생을 충분히 모집하는 것이 늘 고민이었다. 이 문제를 해결하기 위해 선교사는 길에서 우연히 버려진 고아를 데려와 학교에 넣고 무상으로 양육했을 뿐 아니라 가난한 가정에 돈을 지불하고 자녀들을 학교로 보내게 하는 수 밖에 없었다. 선교사는 학교에서 무상으로 교육을 제공하고, 또 학생들에게 의식주와 용돈을 제공하였다. 이처럼 초기 선교학교는 자선사업의 성격이 짙었다.

'일인학교'는 설립이 용이하여 각 선교회와 선교사들이 폭넓게 채택하였다. 그 중 특별히 언급할 만한 것은 베를린교회의 한스파크A.Hanspach의 교육실험으로, 그는 1855년 광동 남부의 객가 지역에서 선교하였다. 교육사역은 효과가 분명하다는 믿음아래 각 향鄕을 방문하여 기존 서당과의 연계를 시도했는데, 서당 선생이 매일 정해진 시간에 학생들에게 기독교 서적을 읽게 하고, 선교사는 학생들에게 서적을 제공하고 서당 선생에게 사례금을 지불하는 방식이었다. 서당이 없는 향촌일 경우, 한스 선교사는 기독교인을 교사로 청빙하여 학교를 설립하도록 했다. 자신은 정기적으로 각 학교를 순회하며 시험을 보고, 학생들이 성경과목을 학습하도록 했다. 한스선교사는 이런 방식으로 수 십 년간 138개의 학교를 설립하여 학생수가 1500명을 넘었다. 이 사례는 학교설립이 매우 수월했음을 확실히 증명하고 있다.

'일인학교' 는 비록 전도의 수요에는 부합했지만 허술한 교육 방식 때문에 현지 전도인을 훈련하고 교인들의 자녀를 배양하기에는 매우 부족했다. 선교사들은 '일인학교' 에 비해 수준이 비교적 높은 서양의 교육방식과 유사한 학교를 설립하고 싶어했다. 이 학교는 선교사 자신이 더 많은 강의를 담당하고, 그들 모국의 교육제도에 준하는 교과과정과 교육 내용을 갖추도록 계획하였다. 선교사 인원에 한계가 있었으므로 모든 선교회가 설립한 선교근거점out-stations[22] 마다 선교사를 배치할 수는 없었다. 현지 전도인은 서양과목을 담당할 수 없었고, 복음거점의 자원 또한 부족했으므로 비교적 수준 높은 학교는 선교사가 상주하거나 주요 도시의 선교기지 내에 설립할 수밖에 없었다. 학생들이 다양한 지역에서 왔을 뿐 아니라 거리가 멀었고, 이에 학교들은 학생들을 위해 필히 숙소를 마련했으므로 대부분 기숙학교로 운영되었다.

선교학교는 자선적 성격이 농후하여 교인이 아닌 학부모들이 자녀를 학교에 보내는 것은 순전히 경제적 이익에 기초한 것으로, 그들은 학교측에 교과 과정에 대해 그 어떤 요구나 기대도 없었다. 이처럼 선교사들이 전권을 갖고 모든 과정을 계획했고 서양양식을 완전히 이식할 수 있었다.

---

22) 혹은 전도소, 지당支堂 ; 이런 거점에는 일반적으로 현지 전도인이 상주하며 사역하였다.

선교사들은 기숙학교 내에서 서양의 윤리가치와 생활습관을 학생들에게 이입시켰다. 그러므로 교육선교는 사실상 중국에서 서양교육을 진행했다고 할 수 있다. 이런 교육은 중국의 전통적인 시험제도와 무관하여 사회에서의 실용도가 떨어졌으므로 졸업생 대부분은 오직 선교사역에 투신하여 전도인이나 선교학교의 교사 또는 선교병원의 의료조수로 일하였다.

교육사역은 효과 면에서 상당히 성공적이었다. 입학 후에 일정한 시간이 지나면 기독교로 개종하는 학생도 적지 않았다. 더 나아가 선교사가 그들을 위해 마련한 진학과 취업을 받아들였다. 소수의 학생은 신앙을 받아들이지는 못했더라도 기독교 교리와 서양문화를 대략적으로 이해했으므로 사회에 보편적으로 존재하던 많은 편견과 오해를 해소할 수 있었다. 따라서 선교사역 확장에 간접적인 도움을 주었다.

교육선교는 이후 많은 변화를 겪었고, 우리는 뒤에서 재론할 것이다.

3. 의료사역

의료와 교육은 중국 선교사역의 양대 지주라 할 수 있다. 하지만 수량과 보급 측면에서 의료사역은 교육사역에 미치지 못했다.

파커가 광조우에 최초의 선교병원을 설립한 후, 의료는 줄곧 선교의 한 방식이 되었다. 선교목적에서 보면 의료사역의 효과는 매우 뛰어났다. 특히 중국인의 기독교와 선교사에 대한 인식을 개선했다는 점에서 괄목할 만하다. 의사가 부모의 생명을 구했거나 치료를 받은 경험이 있는 사람과 그 주변 사람들, 즉 자신과 친구, 고향 사람들은 모두 깊은 감동을 받았고, 나중 그 사람들을 대상으로 선교사역을 매우 편리하게 진행할 수 있었다.

그러나 의료선교도 일련의 중대한 한계에 봉착했다.

첫째는 인재문제였다. 교육선교는 인재문제가 심각하게 발생하지 않았다. 다수의 전문직 교육 선교사가 사역지에 투입되어 전문적으로 교육사역을 진행하더라도 대부분의 중국 선교사는 소학교나 중학교 심지어 신학원의 교사 직책을 충분히 감당할 만한 능력을 갖고 있었다. 하지만 의료사역은 그것과 달랐다. 의료사역에 종사하려면 필히 전문의학 교육을 이수해야 했으나 중국선교사 가운데 의사선교사의 숫자는 극히 적어 의료선교는 선천적인 한계에 부딪쳤고, 함부로 확장할 수 있는 사역이 아니었다. 비록 선교사가 중국에 와서 의료선 교의 효율성을 느끼고 중국의 선교병원에 들어가 단기적으로 의술을 배웠던 사례가 있긴 하지만 이것도 수적으로 매우 부족했다. 전문적인 훈련을 받지 않은 다른 사람들이 보기에 그저 안타까울 뿐이었다.

둘째는 경비문제였다. 의료사역은 대단히 값비싼 봉사로서 막대한 경비가 필요했다. 특히 19세기 중국은 거의 모든 설비와 주사, 약품을 멀리 구미에서 수송해 왔고, '일인학교' 처럼 초라하게 차려놓을 수 없어 제대로 된 병원이나 진료소를 운영하려면 많은 경비가 필요했던 사역이었으므로 간단치만은 않았다. 1860년 이후, 중국에 설립된 비교적 규모가 큰 병원들[23)]은 필요한 경비를 단순히 각자 소속된 선교회의 지원에만 의지할 수 없어서 병원이 자체적으로 중국과 해외에서 경비를 모금해야만 했다. 각 병원들은 자금모집의 편의를 위해 원래의 소속 선교회를 탈퇴하고 별도의 이사회를 조직하여 운영하였다. 병원사역에 막대한 경비가 필요했다는 점도 사역을 임의로 확장할 수 없었던 원인이었다.

23) 상해 홍코우 동인의원同仁医院, 인제의원仁医院, 베이징의 시병원施病院, 광동의 박제의원博医院.

셋째는 선교사역이었다. 의료봉사로 시작된 선교사역도 현실적인 어려움에 직면했다. 진찰을 받으러 온 사람의 목적은 치료였으므로 일단 치료를 마치면 떠날 수밖에 없었고, 소수의 사람만이 다시 찾아왔다. 이처럼 장기적인 교제가 쉽지 않은 데다가 매일 새로 병원을 찾는 사람이 워낙 많아 선교사들은 새 환자에게 전력을 쏟아야 했다. 과거에 병원에 왔었던 환자를 별도로 방문하고 지도할만한 여유가 없었다. 따라서 접촉하는 사람이 끊임없이 바뀌는 상황가운데 복음전도는 아주 간단한 내용을 소개하는 정도에서 그칠 수 밖에 없었고, 기독교교리를 설명할 만한 기회가 많지 않았다. 안타깝게도 자원하여 더 깊이 알고 싶어하는 사람의 숫자는 아주 적었다. 입원환자는 병원에 머무르는 시간이 비교적 길어 진료상황이 그나마 나았지만, 당시 병세가 심할 경우에만 입원이 가능했을 뿐, 먼 시골 벽지에서 온 환자가 많아 통원진료가 불편했으므로 병원측에서 그들을 위해 숙소를 제공하였다. 이런 환자는 병이 완치된 후에야 병원을 떠나야 했으므로 장기간의 시간이 확보되었다. 하지만 그들이 병원에 머무르는 동안 기독교로 개종했더라도 집과 병원의 거리가 너무 멀어 정기적으로 병원 예배에 참가하지는 못했다. 그리고 직장에 들어가면 더 어려워졌다.

이상의 한계로 인해 의료사역은 20세기까지 여전히 제한적인 봉사였고, 교육사역처럼 일반적으로 보급될 수 없었다. 모든 중국 선교회마다 이런 봉사를 제공할 수 없었으므로 주로 인구가 밀집된 도시에만 집중적으로 설립되었다.

의료선교를 위해 다수의 선교사들은 현지 전도인을 청하여 병원에 체류시키고, 진료를 받으러 온 환자에게 개인전도를 하고, 전도지를 배포했다. 병원도 환자들을 위해 복음집회를 열고 정기 예배를 드렸다. 그 밖에 전도인들은 개별적인 대상을 선택하고 후일 가정방문과 직장방문을 했지만 그 수는 많지 않았다.

비록 의료선교의 직접전도 효과가 그다지 높지 않았지만 기독교와 선교사의 대중적인 이미지를 개선하는데 큰 기여를 했다. 일반적으로 사회인사의 의료선교에 대한 공헌은 매우 긍정적이었다고 평가할 수 있다. 적지 않은 정부관원 또는 사대부 상인들은 병원유지에 필요한 경비를 기꺼이 기부했다. 일부 의료선교사가 일정 기간 동안 사역을 마치고 귀국할 때에는 종종마을 주민들의 열렬한 환송을 받았고, 많은 감사편지와 예물을 선물로 받았다. 이런 기록은 『만국공보』나 『덕화보德華報』 등 신문과 잡지에서 쉽게 찾을 수 있다.

의료선교와 함께 의학교육도 이뤄졌다. 앞에서 언급한 파커가 설립한 의학반은 차치하고 최초의 정규 서양의학교는 1866년에 광조우 박제병원 부설 남화의학교南華醫學校였다. 커John.G.Kerr와 황콴黃寬이 이 학교의 원장을 맡았다. 1897년, 학교는 처음으로 여학생을 입학시켰고, 이는 서양의 학교육을 받은 중국 최초의 여성이 되었다.

4. 자선사역

19세기에 중국에 온 개신교 선교사의 주된 선교대상은 하층계층인 평민이었고, 그들에 대한 구제와 자선사역은 필요와 효과 측면에서 대단히 성공적이었다. 사실 초기의 각종 선교방식은 대부분 자선적 성격이 농후했다. 예를 들면, 선교사가 학교를 설립하고 학생들에게 교육과 생활비를 무상으로 제공했던 것외에도 학부모에게 돈을 주기도 했다. 또 의료봉사는 의료와 약품을 제공하는 것이었고, 교회에 온 다수의 교인이 선교사역

가운데서 직장을 얻어 생계를 잇기도 했다. 따라서 초기의 중국 교인 중에는 '라이스크리스찬' 이 상당히 많았을 것으로 유추해 볼 수 있다. 자선사역은 일반 빈민대중과 접촉하는 보편적인 방식이었다.

교육과 의료 외에 선교사는 중국사회에 필요한 다양한 유형의 자선사업단체를 설립했다. 곧 고아원 · 맹인학교 · 정신요양원 · 나병병원등을 설립했다. 최초의 고아원은 아마도 1840년 베를린선교회[24]가 홍콩에 설립했던 것 같고, 최초의 맹인학교는 1874년에 베이징에 설립된 힐머레이 맹인학교[25]였다. 또 최초의 정신요양원은 1898년에 커Kerr 선교사가 광조우에 설립한 후이아이병원惠愛病院[26]이었다. 최초 나병병원은 1887년에 설립된 성공회의 호더Dr.E.G.Horder 의사는 선교회가 베이하이北海에 설립한 보인병원普仁病院내에 부설병원으로 세웠고, 1894년에 독립하였다. 다른 지방에 설립된 유사한 유형의 봉사기관에 대해서는 지면관계로 여기서 더 이상 거론하지 않겠다.

19세기 말, 이런 전문화된 특수봉사에 종사하는 선교단체가 출현하기 시작함으로써 시간이 지날수록 사역은 완비되어갔다. 언급할 만한 것은 선교사들이 서비스를 제공하는 동시에 점차 더 참신한 교육과 의료방식을 도입하고 고안해냈다는 것이다. 예를 들면, 최초 맹인점자법은 선교사가 중국에 도입했고, 또 전문적으로 정신병자를 치료하고 돌보는 봉사는 선교사가 도입하기 전까지 중국에서 전혀 볼 수 없었던 것이었다. 이 모든 것이 선교사들의 중대한 공헌이라 할 수 있다.

---

24) Berlin Missionary Society. 이는 '작은 베를린小巴陵' 이라 지칭하는데, 이 선교회는 1870년에 중국 사역을 마무리했고, 1882년 후에 다른 베를린선교회가 계승했다. 이를 '큰 베를린大巴陵' 이라 부른다.

25) Hill-Murray School for the Blind. 중문은 穆雷希尔瞽童院

26) 영문은 John G. Kerr의 이름으로 명명

자선사역은 빈민과 이재민 구휼도 포함한다. 소규모 지역적인 이재민 구휼은 여기서 언급하지 않을 것이다. 특별히 주목해야 할 사건은 광서光緒 2년(1876)부터 광서 6년까지 화베이 5성(허베이河北, 산동山东, 산시山西, 허난河南, 산시陕西)의 심각한 한재旱災였다. 장기간 비가 오지 않아 재해상황은 참혹했다. 재난범위는 광범위하고 처참하여 재해기간에 사망자 수가 약 2000만 명에 이르렀다. 중앙과 지방정부가 구휼노력을 펼치고 민간의 신사들도 아낌없이 원조하였지만 이재민이 수 천만 명을 넘는 상황에서 구휼량은 턱없이 부족했다. 이 때, 재해지역과 부근지역에서 사역하던 선교회와 선교사들이 원조에 참여하기 시작했고, 그 중에도 특히 리챠드T.Richard선교사의 도움이 가장 컸다. 선교사들은 자진하여 성금을 모금하고, 중국에 주재하는 서양상인과 모국의 선교회에 기부를 권고하였으며, 그 후 정부관원과 협력하며 직접 구휼사역을 진행하여 부지기수의 이재민을 구제해냈다. 선교사들의 구제행위는 매우 좋은 결과를 양산했다. 이는 기독교에 대한 중국인의 태도를 개선시키고, 재해구역 내의교인 수가 크게 증가하는 결과를 만들어냈다. 다른 한편으로는, 구휼과정에서 정부관원의 협조를 반드시 얻어야 했으므로 선교사는 중국정부의 고위층 관리와 관계를 맺게 되었다. 이는 이후 리챠드의 선교노선에 영향을 주었는데, 다음 장으로 넘긴다.

자선 사역의 선교효과는 즉각적으로 나타나서 교인 숫자가 급증하게 되었다. 교인들의 수준에서 장기적인 교회 발전까지에 대한 그 실제 효과에 관해서는 많은 토론이 필요하다.

제 5 강

발전과 분화(1880~1900)

이 강의에서는 주로 19세기 말 선교사역의 발전추세를 토론할 것이다. 대체로 19세기가 끝날 때까지 모든 선교사업은 조직화, 전문화, 고등화되는 추세였다.

선교조직

어떤 선교회든 중국에서의 사역이 일정한 기간을 경과하면서 점차 선교조직을 확립시키려 했다. 토론을 좀더 구체적으로 하기 위해 아래에 광동성을 사례로 들어본다. 각 성의 선교사역이 각기 차이가 있지만 선교조직의 확립은 대동소이했다.

광조우와 홍콩, 산토우汕頭는 차례대로 개방되었거나 외국에 할양되어 자연히 대부분 선교사들이 광동성으로 진입하는 입구가 되었다. 선교 초기, 한 선교회가 중국에 첫발을 내딛게 되면 통상적으로 그들이 최초로 도착했던 도시에 선교본부를 설립했고, 그 곳에 사무실과 선교사들의 주택과 훈련센터 및 교회당 등을 마련했다. 이런 지방들은 공통적으로 교통

통신이 편리하여 그들 모국의 선교회와 연락하고 자원을 지원받는 중심 지역이 될 뿐만 아니라 모든 선교구를 관할하는 중심이 되었다.[27]

선교사는 진지를 안정적으로 구축하고 언어도 유창하게 익힌 후, 앞장에서 언급했던 전도여행과 전도지 배포방식을 이용하여 인근도시로 가서 시험적으로 전도하고 다양한 지방사람들의 기독교에 대한 반응을 살폈다. 일단 모 지역의 상황이 만족할 만하다고 판단되면 적극적으로 그 지역에서의 발전을 모색했다. 우선 토지나 건물을 임대하여 강당을 세우고, 전도인을 보내 장기적으로 체류시키며 선교사역을 전개하였다. 이런 지방은 선교본부의 '근거점'[28]이 되기에 편리했다.

선교 근거점의 숫자는 확정하기 매우 어려운데 수요에 따라 변동이 있었기 때문이다. 그러나 어쨌든 그 숫자는 선교회가 파견한 선교사의 숫자보다 훨씬 많았으므로 근거점에는 현지 전도인만 사역하였다고 말할 수 있다. 그들은 정기적으로 본부에 사역성과를 보고했고, 본부는 정기적으로 순회 선교사를 각지로 파견하여 단기적으로 사역을 돕게 했다.

만약 한 근거점의 선교가 성공하여 교인숫자가 부단히 증가하면 선교사는 때가 되었다고 보고, 그 근거점을 '선교기지'[29]로 확대해 선교사를 장기간 체류시키면서 그 지역의 선교사역 규모를 강화하였다. 예를 들면, 병원이나 수준높은 과정의 서양식학교를 설립하였다. 이 기지에서 부근지역으로 현지 전도인을 보내 전도하게 하여 다시 새로운 근거점을 만들었다. 이런 근거점은 본부 직속은 아니었고, 선교기지 선교사의 직접적인

27) 일부 선교회는 내륙지역에 적합한 선교사역지를 개척한 후에 지휘의 편의성을 이유로 본부를 내륙지역으로 옮겼다.
28) out-station, 이후 포도소가 되었다.
29) station, 혹은 지회나 당회

관할을 받았다. 바셀선교회가 동관東莞과 신안新安에서 사역하던 방식이 바로 이러했다.

그 밖에 발전적인 선교기지의 유형은 어떤 한 지역의 선교사역이 만족스러우면 선교사는 그 지역을 집중적으로 발전시키거나 그 지역내의 여러 개의 근거점 중에서 지리적 위치나 교통운수가 가장 편리한 한 근거점을 선택하여 기지로 확대시켰다. 그리고 선교사를 파견하여 전 지역의 선교사역을 총괄하게 하고 다른 근거점을 돕게했다. 영국장로회가 챠우조우潮州지역에서 했던 사역이 이 같은 유형이었다.

선교본부 부근의 도시와 향촌 외에 선교사들은 내륙의 더 외진 현급縣給지역으로 들어가 전도했다. 육로교통이 불편한 관계로 운하를 더 많이 이용했다. 배를 빌려 강을 따라 올라가며 전도지를 배포하는 한편, 적합한 선교지점을 찾고자 노력했다. 새로 개척된 사역지가 본부와의 거리가 멀어 왕래가 불편하면 선교사들은 그 지역에서 장기간 거주하며 전체 분위기를 주도했다. 선교사역이 성과를 보이면 그 곳에 선교기지를 세웠다. 그런 후 다시 부근지역에서 전도하여 근거점을 만들었다. 심지어 새롭게 발전하는 지역과 선교본부의 거리가 멀어 지휘와 의사결정, 자원 조달이 불편한 경우, 새 지역을 독립시켜 새로운 선교구로 만들고 선교본부를 세웠다. 미국북장로회의 하이난海南교구가 이런 방식으로 광조우 교구에서 독립했다.

중국교인들은 새로운 선교기지를 세울 때, 때때로 주도적이고 적극적인 역할을 담당했다. 광조우 · 홍콩 · 남양 · 미국 등지의 적지않은 교인들이 자발적으로 또는 선교회 파송으로 그들의 고향으로 돌아와 선교하였고, 때가 이르면 선교사를 요청하여 기지를 설립했다. 이렇게 건립된 교회는 형식과 절차상에서 앞에서 언급한 내용과 서로 차이가 있다.

이제 우리는 선교사역 조직의 설립 과정을 대략적으로 이해할 수 있게 되었다. 대체로 선교회는 그 선교지역을 다음과 같이 구분하고 있다. 최하층은 '근거점', 즉 일개 향진의 복음당과 전도처이고, 그 위는 '선교기지'로 교통요충적인 도시에 많았고 여러 근거점의 사역을 총괄했다. 기지 위에는 '선교본부'로 선교구Mission 혹은 주교구Diocese, 장로구회Presbytery라 칭했고, 종파에 따라 서로 다른 명칭을 사용했다.

한 선교본부가 총괄하는 선교구역과 발전할 수 있는 범위는 한정적이다. 주로 두 측면에서 제한되는데, 첫째는 지리와 교통의 요소, 둘째는 언어계의 요소로 나눌 수 있다.

우선 지리와 교통 측면을 알아보자. 광동을 예로 들면, 광조우, 홍콩[30]과 산토우는 선교사들이 광동으로 들어오는 관문으로서 광동의 선교사역이 주강珠江삼각주와 한강 삼각주의 평원지역에 집중되어 있었다. 또 이곳은 전성全省 인구가 가장 조밀한 지역으로 각 선교회는 이곳에 대부분의 선교자원을 쏟아부었다. 성의 기타지역에는 단지 서강西江과 북강北江유역과 인접한 지역만 선교사가 들어갈 수 있었다. 산악밀림은 선교사의 접근을 막았는데, 설사 수로교통이 편리해도 본부와 기지간의 거리가 너무 멀어 선교구의 발전에는 한계가 있었다.

언어는 또 다른 선교 발전노선을 결정하는 요소였다. 광동의 대다수 인구는 한족이었지만 그들은 서로 다른 시기, 서로 다른 지역과 노선을 따라 광동성 곳곳으로 들어왔다. 그리하여 이들은 세 개의 뚜렷한 어계語系 지역을 형성하였다. 광부廣府어계구역[31], 차오조우潮州 어계구역[32]과

30) 북쪽으로는 신안과 동관 등지
31) 또는 '본토인'이라 칭한다.
32) 또는 '푸라오(福佬)'라 칭한다.

커자客家어계구역[33]으로 이뤄진다. 세 개의 어계구역은 각기 다른 방언을 사용하고 문화습관도 차이가 있다.

북미 중국선교사 가운데 아주 소수의 선교사만이 두 가지의 다른 방언을 동시에 학습하여 구사하고, 두 가지 다른 습관에 적응할 수 있었다. 일반적으로 한 가지 언어만을 선택적으로 학습하여 그 해당 어계구역의 사람들에게만 선교하였다. 예를 들면, 구츨라프가 홍콩에서 복한회福漢會 Chinese Union를 설립하여 후임 독일선교사를 훈련시킬 때, 챠오조우어 또는 커자어를 학습하도록 각각 정해주고 해당 어계구역의 사람들에게 선교하도록 했다. 개개의 선교사들뿐만 아니라 선교회도 대부분 한 어계구역만을 선교범위로 선정했고, 또한 이 범위 내에서만 확장하도록 제한했다.

하지만 일부 지역에서는 언어를 혼용하고 있었다. 예를 들면 후이양惠陽 지역의 본토인과 커자인은 매우 가까운 거리에서 살고 있었고, 챠오조우와 산토우 지역의 푸라오와 커자인 또한 서로 인접한 거리에서 살고 있었다. 이 지역에서 사역하는 선교회는 두 가지 경우가 있었다. 하나는 한 가지 어계구역에만 선교하는 것이다. 바셀선교회의 선교대상은 대부분이 커자인이었고, 레니쉬교회Rhenish Church는 본토인을 대상으로 선교했다. 그러나 후이양 지역은 두 가지 어계가 중첩되어 있었으므로 때때로 상대편 방언의 교회를 별도로 설립하기도 했다. 1881년, 두 선교회는 랑코우朗口와 탕토우사塘頭廈 두 곳의 사역을 맞바꿔 각자 언어의 통일성을 유지하였다.

또 다른 경우는 한 선교회가 동시에 두 어계의 사람들에게 선교하는 것이다. 하지만 그 선교회의 선교사는 두 개 조로 나뉘어 각자 맡은 어계

33) 또는 '커자런(客家人)' 이라 칭한다.

사람들의 선교를 책임졌다. 동일한 지역에 있었지만 두 가지 어계의 교회는 각자 독립적인 조직을 구성하였는데, 심지어 초등학교와 중학, 신학원을 모두 별도로 운영했다. 영국장로회와 북미침신회는 이 같은 형식을 취해 챠오산지역에서 챠오조우인과 커쟈인에게 동시에 선교했다. 영국장로회는 1900년 챠오조우와 커쟈를 두 교회로 분립하여 서로 다른 장로의회를 구성하였고 각자 독립적으로 발전시켰다. 그 위에 하나의 연락체계인 챠오후이潮惠장로총회Synod를 설립했지만 한 선교회 출신이라는 의미만 가질 뿐이었다.

지리와 교통 및 어계구역의 범위는 한 선교회가 한 지역에서의 확장을 결정하는 주된 요소였다. 이런 자연적인 장애와 한계는 선교사들이 극복할 수 없는 것으로 다만 조화를 맞출 뿐이었다. 그러므로 선교회가 한 지역에 설립한 선교본부가 총괄하는 선교범위는 일정한 제한이 있었고, 임의로 확대할 수 없었다. 그 선교회는 중국의 다른 성에 여러 개의 선교구를 설립하거나 동일한 성내에 다양한 복음대상을 겨냥하여 여러 개의 선교조직을 구성할 수 있다. 하지만 전체적으로 한 선교본부가 무한정 발전하고 확대될 수는 없었다. 모 선교회의 화남교구가 전체 화남을 모두 포괄할 수 없었을 뿐 아니라 심지어 광동성의 1/4도 채 미치지 못했다.

본부－기지－근거점의 이 3단계는 선교사역의 주된 골격이었다. 모든 사역은 이런 골격에 따라 배치되었다. 예를 들면, 교육방면에서 근거점 내에 부설한 학교는 초기의 일인학교가 아니면 초라한 통학학교였다. 교회학교에서 중학교육을 받은 현지 교사가 운영하는 초등학교 수준의 학교였다. 선교사가 체류하는 기지 내에 설립한 학교는 서양근대 교육양식을 모방하여 역사 · 지리 · 수학 등의 과목이 있었고, 학교 수준은 대체로 초등학교 고학년[34]에서 중학교 정도로서 일정하지는 않았다. 선교본부 내에는 통상적으로 여러 명의 선교사가 체류했으므로 인력과 물자 모두 비교적 충분하였다. 따라서 고등중학과 신학원 내지 19세기 말 첫 선을 보였던 대학이 모두 이 곳에 집중되어 있었다. 의료봉사 방면의 상황도 매우 유사하여 대규모의 선교병원은 본부 내에만 설립되었을 뿐, 기지에는 진료소가 세워졌고, 근거점에는 어떤 서비스도 제공할 수 없었다.

전문화와 고등화

전문화와 고등화 상황은 주로 교육선교에서 나타났다. 이후 전체 선교사역과 중국교회에 심대한 영향을 미쳤으므로 여기서 특별히 주의하고 토론할 가치가 있다.

초기에 선교학교가 설립된 목적은 선교와 현지 전도인을 훈련시키기 위함이었다. 선교적인 측면에서, 서당식의 일인학교가 무학의 아동들을 흡수하여 공부시키기에 충분했고, 이는 전통적으로 중국에서 익숙한 학교 형태이었기 때문이었다. 다음 일인학교의 유연성과 저렴한 학비의 두 가지 특성도 선교사들이 광범위하게 학교를 개설하도록 했고, 선교의 최대 효과를 거두게 되었다. 현지 전도인 훈련에서, 초기에 도제제도를 채택하여 선교사가 그들을 전도조수로 고용하여 훈련시켰다. 최초의 현지 전도인은 모두 이런 방식으로 배출되었다. 그 후에 초등학교 고학년에서 중등 수준의 기숙학교가 선교기지 내에 출현했지만 교과과정이나 강의내용은 모두 걸음마 단계에 불과했다. 그래서 초기의 선교학교는 대부분 설비가 허술하고 수준이 낮았다고 말할 수 있다.

---

34) 초등학교 6년 과정을 초급 4년과 고급 2년으로 나누어 가르치는 학교.

하지만 1880년 이후, 선교사들이 계속해서 초등학교 고학년과 중학 및 신학원과 사범학교, 의학원, 대학에 이르는 각급 중등학부와 고등학부를 세움으로써 교육이 방대한 사역으로 탈바꿈하게 되었다. 교육선교를 고등화시켰던 원인은 세 가지였다. 첫째는 교인자녀의 교육 담당, 둘째는 현지 전도인의 수요 증가, 셋째는 교육 전문화이다.

교인자녀를 담당했던 것은 이미 언급했으므로 중복하지 않기로 한다. 단지 제기하고 싶은 것은 당시 선교사가 이 책임에 대한 자각심이 증가하여 교육수준과 자질향상에 어느 정도 촉진작용을 했다는 점이다.

현지 전도인의 수요증가는 교육선교가 고등화로 가는 중요한 요소이다. 외국 선교사가 중국에서 사역을 추진하려면 반드시 현지 조수의 협조를 받아야 했다. 따라서 선교사역이 점차 발전하여 교인 수가 끊임없이 증가하게 되면 현지전도인의 수요 또한 증가할 수밖에 없었다. 1880년 광조우의 북미장로회 상황을 예로 들면, 이 선교회는 10여 명의 선교사 외에 약 20명의 현지 목사, 111명의 전도인과 성경지도사, 30명의 여전도사와 116명의 교사가 있었다. 즉 이 선교회는 모두 277명의 현지 사역자를 초빙한 것이다. 이는 개별 선교회의 지역적인 사례이다.

전체적으로 말하면, 선교사역으로 고용한 현지 전도인의 수가 대폭 증가했다. 숫자 통계로, 1876년 중국의 현지 전도인은 총 744명, 교사 290명, 1905년에는 각각 7,121명과 2,582명, 1911년에는 12,054명과 3,809명으로 증가했다. 즉, 1876년에서 1911년까지의 35년간 현지 전도인의 성장률은 17배에 달했고, 교사 숫자도 14배가 증가했다. 이 두 통계는 평균적으로 동시기의 선교사의 증가보다 빠른 것이었다.

현지 전도인의 수요는 부단히 증가하였고, 훈련사역에 대한 필요성이 갈수록 절박해졌다. 또 이 수요량은 이미 초기 선교사가 채용했던 도제방식으로는 감당할 수 없었다. 그러므로 반드시 정규 신학교를 세워야 했다. 홍콩의 영화서원을 제외하면 중국의 최초 신학원은 1848년 레니쉬교회가 서향西鄕에서 설립한 전도훈련 학교이지만 각 선교회가 보편적으로 정규 신학원을 설립하기 시작한 시기는 1870년 이후의 일이다.

양적인 수요 외에 선교사역이 발전함에 따라 현지 전도인은 당면한 사역을 종종 혼자 감당해내야 했고, 그들의 지식과 능력을 요구하는 일도 비례적으로 늘어났다. 전도인의 자질을 향상시키기 위한 신학원도 점차 일정한 규모로 설립되기 시작했고, 훈련이 엄격해졌으며 과정도 심화되었다. 20세기에 이르러 대부분의 신학원은 신구약 · 교양 · 윤리 · 교회역사 · 목양 내지는 희랍어와 기타 외국어[35] 과목 등을 가르쳤다.

의학교육도 유사한 상황이었다. 최초에 의술 도제방식이었지만 이후 일부 선교의사의 치밀한 운영으로 의학서적을 번역하는 한편, 교과과정의 내용을 확정하여 점차 정규 의학원을 설립하기 시작했다.

신학원과 의학원의 수준향상은 필연적으로 입학조건을 상향시켰다. 신학원의 입학요구에 걸맞는 비교적 높은 수준의 초 · 중등학교를 설립하는 것은 필수불가결한 일이 되었다. 신학원(또는 의학원)을 위한 예비과정은 교육선교 고등화의 중요한 원인이 되었다.

고등화의 또 다른 촉진요소는 교육 전문화이다. 1870년 이후, 일부 중국 선교사는 교육사역에 특별한 부담이 있었다. 그들이 설립한 학교는 초기에 각 방면의 한계로 인해 일반적으로 초라한 서당과 별반 다르지 않았다. 그러나 그들의 세심한 운영으로 학교는 계속해서 발전하고 학생수가 증가했을 뿐 아니라 수준도 꾸준히 향상되었다. 초등학교에서 중학교,

35) 영어나 독어, 각 선교회가 속한 국가의 언어

고등학교, 사범반, 신학반 또는 대학 등으로 확대되었다. 이 선교사들은 학교사역을 부업으로 여기지 않고 대부분의 시간과 정력을 교육에 바쳤다. 그래서 그들을 '교육선교사Educational missionaries'라 칭한다. 중국의 고등교육은 그들의 노력으로 수립되었다.

20세기, 학교규모 확대와 교육 자질 향상으로 중등 이상 수준의 거의 모든 선교학교는 전문직 교육 선교사들이 교무사역을 담당하게 되었다. 교육선교사는 전체 선교사 중에서 갈수록 많은 숫자를 차지하게 되었다.

교육전문화는 교육선교의 고등화를 도왔을 뿐 아니라 또 다른 결과를 양산함으로써 교육 선교기관의 목표를 바꾸었다. 원래 선교사가 중국에 온 것은 중국인에게 복음을 전할 목적이었다. 그 후 직접 선교 방식의 효과가 미비하여 선교사들은 교육 및 다양한 봉사 내지는 자선성 사역을 도입하기 시작했다. 최초 그들이 이런 사역을 단지 선교를 위한 구실로 생각했을 뿐, 즉 수단이지 목적은 아니었다. 하지만 일단 교육선교사가 출현한 후 그들은 전심전력으로 학교에 머무르며 각 방면의 사역을 전개했고, 자연히 복음전도 이외의 강의 자질 향상과 학교설비 개선도 그들의 중대한 관심사가 되었다. 이처럼 교육은 선교와 마찬가지로 학교운영 자체가 목적이 되었다. 바꾸어 말하면, 교육은 이미 어느 정도 선교라는 갇힌 틀에서 벗어나 나름대로의 의미를 갖게 되었다. 20세기 이후, 교육의 의미와 위치는 날로 중요해졌고 심지어 선교적 이상을 능가하게 되었다. 아래에서 차례대로 살펴보자.

사실상 교육선교의 전문화가 선교목적에서 독립했다는 의미는 단지 겉으로 드러난 패러다임일 뿐이다. 다른 선교사역분야 내에서도 의료이냐 봉사이냐에 관계없이 봉사 자체로 점차 나름대로의 의미를 가지게 되었다.

기독교와 중국문화

이어서 우리는 19세기 선교사들의 중국문화에 대한 관점과 그들이 중국의 서구화 개혁 및 선교노선의 분화에 참여한 문제를 토론해 보자.

명말 예수회 수도사들과 달리 만청 시기에 중국에 온 개신교 선교사들의 주된 선교대상은 사회 하층계급이었다. 이는 전체 선교정책이 자선적인 성격을 띠게 했다는 것 외에 중국에 대한 그들의 관점에 영향을 미쳤다. 사회의 기층에서 생활하며 접촉했던 것 대부분은 중국사회와 문화의 어두운 측면이었다. 그것은 우매한 미신풍속[36]과 잔인하고 황당무계한 행위[37], 환경과 위생은 불결하고 열악했으며, 맹목적이고 무지하며, 변화가 없고 새로운 것을 전혀 수용하지 않는 폐쇄된 사회였다. 또 정치적으로는 탐관오리의 부패와 불공정한 법집행, 개성이 말살된 교육 등이었다. 이런 현상은 선교사의 메모와 편지 중에 중국과 관련된 주된 묘사였다. 틀림없는 것은 17세기 중국에도 똑같은 상황이 존재했지만 마테오리치 등은 전통 유가의 고전을 연구하고, 일부 사대부와 왕래하던 중에 중국의 이성과 이상의 일면을 발견한 결과, 그들은 중국에 대해 비교적 균형적이고 공정한 평가를 내렸다. 개신교 선교사들이 접촉한 것은 모두 어두운 측면이었을 뿐 아니라 이교주의를 이용하여 전통적인 중국의 도덕윤리 가치를 말살했으므로 그들의 중국에 대한 평가는 자연히 일방적인 부정이었다.

당연히 그 중에도 소수의 예외가 있었는데, 레게James Legge는 출중한 한학자로서 많은 양의 전통고전을 영문으로 번역하며 중국문화를 서양에

---

36) 수 많은 사당과 거리에 가득 찬 우상
37) 전족, 영아 살해, 축첩

소개하는 대단한 공헌을 하였다. 하지만 이런 사람은 극히 소수였다. 19세기 중엽, 홍콩과 상하이에 설립된 '영국황실아시아학회' 지부의 회원들을 비롯하여 중국에 대해 흥미를 갖고 연구한 일부 선교사들이 있었고, 사실 모두 '중국통'으로 자처했지만 유구한 이교문화를 대략적으로나마 이해해보려는 시도였을 따름이었다. 그들의 논저 중에 긍정적이고 우호적인 태도는 극소수였다.

이런 문화적 편견 위에서, 선교사들이 복음을 전하는 일은 중국인에게서 이교주의 문화의 영향을 걷어내는 일을 적극적으로 돕는 것이었다. 선교학교는 이 점에서 중요한 역할을 감당했다. 아동들은 입학 후, 서양문화와 과학과목을 학습하는 것 외에 서양의 윤리도덕과 생활습관[38]을 체계적으로 수용하였다. 학생들의 지나친 조혼이나 가정에서 강제로 이교도와 결혼시키는 것을 막기 위해 학교가 학생들의 결혼을 책임진다는 내용을 두고 학부모들과 계약을 맺었다. 위약자는 과거에 학교가 학부모에게 주었던 모든 금전을 환급하도록 했다.[39] 이처럼 학생의 진학과 취업에서 결혼에 이르는 모든 과정이 선교사가 주도하는 선교사역체계 내에서 처리되었다. 따라서 기독교인은 사회와 격리된 독특한 군체가 되었다.[40]

서구화와 기독교화

대부분의 선교사들은 서양문화는 곧 기독교문화이고, 서양사회와 과학기술지식의 진보 및 기독교신앙은 불가분의 관계라고 확신했다. 따라서

38) 가정에서의 일, 요리와 육아 상식 등

39) 19세기 이 계약제도는 매우 보편적이었고, 특히 여학교에서 심했다.

40) 일찍이 1830년대, 선교학교의 중국학생은 그들이 학교를 떠난 후 방향을 잃을 것이라고 걱정했다.

중국이 만약 서구화 즉 근대화를 원한다면 우선 '기독교화'가 필수적이라 생각했다. 하지만 그들 중 다수는 서구화 교육을 통해 교인들이 이교주의에 오염되는 것을 막고자 했던 것처럼 이 관념을 기존의 교인집단 내에서만 실행하려고 했다. 선교사들은 중국인들의 사상과 문화를 변화시키는 것보다 그들의 신앙을 바꾸는 것이 더 급박하다고 느꼈기 때문이다. 물론 양자는 어느 정도 연관되어 있긴 하지만 말이다.

그러나 1860년 이후, 오히려 일부 선교사들은 중국에서 기독교 전도를 방해하는 요인이 중국의 전반적인 문화 환경이 이교로 뒤덮여 있기 때문이라고 생각하기 시작했다. 그러므로 만약 사회와 문화의 토양을 바꾸지 않으면 백성들이 대량으로 기독교로 개종하는 것은 불가능한 것이었다. 이런 선교사들은 중국의 서구화를 중국을 복음화시키기 위한 선결조건으로 여겼고, 그들은 점차 중국의 서구화에 협력하는 운동에 투신하게 되었다.

공교롭게도 당시 중국은 서양 열강과의 전쟁에서 연패하여 주권을 상실하는 치욕적인 불평등 조약을 체결하게 되었다. 심지어 1860년 영·프 연합군과의 전쟁으로 황성인 베이징조차 유린당하여 황제가 피난하기에 이르렀고, 결국 정부고관들은 외국의 군사력과 기술을 학습할 것을 결의했다. 그리하여 공친왕 혁흔奕訢을 위시한 만한滿漢 대신들의 지휘 아래 부국강병을 목표로 하는 서구화 개혁운동을 시작했다. 역사에서는 '자강운동自强運動'이라 칭한다. 중국이 서구화 개혁을 진행하는 과정에서 당면한 문제는 서학인재를 구하기 힘들다는 점이었다. 그 당시 중국인 중에서 서양의 언어와 과학기술을 이해하는 사람은 극히 보기 드물었다. 서양으로 사람을 파견하여 학습시키기에는 시간이 너무 많이 걸렸다. 중국에 거주하는 외국인 중에 중국이 서양지식을 도입하는데 협조하는 사람도 많지 않았다. 상인과 영사들은 거의 고려조차 하지 않았으므로 유일하게 이용 가능한 사람은 선교사뿐이었다.

선교사들은 선교사역을 일시적으로 접어두고 중국개혁을 돕는 외국인 관리행렬에 어떻게 들어가게 되었을까? 원인은 아주 다양했다. 학자들은 이것이 선교사의 다양한 신학사상에 기초했다고 생각한다. '기요파基要派'와 '보수파'의 선교사는 오직 영혼구원에만 집중하고 정치에 대해서는 전혀 무관심했다. 또 '사회파'와 '자유파'는 본래 인도주의 정신에 입각하여 의료와 교육 등의 사역에 헌신했으므로 중국이 개혁을 진행하는 일에 협조했다고 생각했다. 이런 해석은 20세기 내내 적용되었지만 그 당시의 사실과는 거리가 있다. 한편으로 당시 선교회들은 정도의 차이는 있지만 대부분 교육과 의료사역을 진행하고 있었으나 결코 인도주의 정신에만 근거한 것도 아니었고, 또 반드시 중국개혁에 협조할 필요성도 없었다. 다른 한편으로 더 중요하게는 만청시기 서구화 개혁을 주도한 주류 선교사들은 중국에 파송된 초기부터 직접전도 사역에 투신했던 인물들이다. 그들의 전환과 주장이 구미 신학 사조의 영향을 받았다기 보다는 중국에서의 경험과 이해를 통해 사고가 전향된 결과라고 말할 수 있다.

사실 적지 않은 선교사들의 전환은 기회와 인연이 잘 맞아 떨어진 것이었다. 예를 들면, 알렌YoungJ.Allens은 원래 미국 남감리회 소속이었으나 1860년대 초, 미국 남북전쟁의 발발로 인해 남부의 감리회가 해외 선교사를 지원할 수 없게 되자, 알렌의 가정은 생활고에 봉착했고 부득이하게 1864년 상하이 광방언관廣方言館에 들어가 서학교습을 담당하게 되었다. 리챠드도 1870년대 말엽 화북 5개성의 한재 구휼사업에 참여했을 때, 다수의 정부관리들과 인연을 맺게 되고 중국서구화 개혁에 협력하는 것이 중국을 복음화하는 중요한 지름길임을 확신했다. 그는 마틴W.A.P.Martin, 페이버Ernst Faber와 마찬가지로 중국에서 일정기간 사역한 후, 비로소 그의 선교방향을 전환한 인물이다. 유일한 예외는 프라이어John Fryer로 그는 처음에 교육선교사 신분으로 중국에 왔지만 조속히 선교학교에서 전략적인 의미를 가진 교육기구인 중국정부 학교로 옮겨갔다.

서구화개혁참여

이 선교사들은 중국정부의 양무기구에서직접 교육과 번역사업에 참가했다. 예를 들면, 마틴은 북경동문관北京同文館과 경사대학당京師大學堂에서 29년을 가르쳤고, 프라이어는 강남제조국江南製造局에서 통역관으로 28년을 재직했다. 그들은 중국어와 외국어가 유창하고, 서학에 대한 상당한 인식이 있다는 장점을 이용하여 수많은 서양서적을 번역했다. 비록 이런 서적의 사용량과 영향이 그다지 이상적이지는 못했지만 이는 동문관 등 서학기구들이 실제로 육성해낸 서학인재가 그렇게 많지 않았던 것과 마찬가지였다. 그 뒷면에 중국이 서구화 개혁과정 중에 수 많은 문제가 있었다는 것을 반영하는 것이었고, 또 이런 문제들은 선교사들의 노력과는 무관한 것이었다. 반대로 다른 각도에서 보면, 서양과학기술을 번역하고 도입하는 과정 중에 이미 선교사들의 사역에 협조했던 중국인들은 일군의 근대 과학자가 되었다. 쉬쇼우徐壽, 쉬젠인徐建寅, 화헝팡華衡芳, 잉주시應祖錫 등이다. 그들이 서양과학기술을 접하고 학습한 것은 공립 서학당에서 습득된 것이 아니라 선교사들의 영향을 직접 받은 것이었다. 이렇게 선교사들의 서양 과학지식 전파 과정에서의 역할을 충분히 증명할 수 있다.

중국정부의 양무기구에 협조한 것 외에 선교사들은 또 적극적으로 중국인들에게 서양과학지식을 소개하고 중국서구화 개혁을 고취시켰다. 예를 들면, 프라이어는 1876년 일부 외국인들과 연합하여 상해격치서원上海

格致書院을 설립했다. 이는 민중들에게 서양과학기술을 널리 보급하는 기구로서 신식기구를 전시하고 격치과정을 개설했으며, 서학을 주제로 한 문예대회 등을 개최하였다.

당연히 19세기 선교사들이 주도하여 서학을 보급할 목적으로 설립한 영향력이 가장 컸던 사업은 우선 「만국공보萬國公報」와 '광학회廣學會' 41)라 할 수 있다.

「만국공보」는 알렌이 1874년에 창립했고, 그 전신은 「교회신보」였다. 이 신문은 중국의 각 계층을 그 대상으로 하여 서양지식전파를 목적으로 삼고 과학기술에서 정치사회적 상황과 제도에 이르기까지 보도하지 않는 것이 없었다. 그 밖에 특별히 1880년대 이후 선교사들은 「만국공보」를 이용하여 많은 외국관련 시정을 논의하고 변법개혁을 고취하는 견해를 발표했다. 이를 빌어 중국관리들과 지식인들에게 영향을 끼쳐 그들의 사상과 정책 규정을 바꿀 수 있을 것으로 희망했다.

'광학회' 는 1887년에 설립되었다. 상하이에 거주하던 일군의 외국인이 조직한 것으로 회원은 선교사와 상인, 정치요인을 포함했지만 실제 사무는 선교사들이 담당했다. 광학회의 원래 명칭은 동문서회同文書會로 중국에 거주하는 서양인들을 위해 조직된 문화단체였다. 그들은 힘써 서양서적을 번역 · 출판하여 중국에 각종 신지식을 소개하였다. 이 외에 중국에 거주하는 외국인들 특히 선교사들은 수많은 종교 · 시사 관련 저술을 편찬했고, 중국의 서구화 개혁을 위한 각종 의견을 제시했다. 광학회 설립 목적은 중국혁신을 돕는 것으로서 간행한 서적은 모두 저렴한 가격으로 판매되거나 무료로 증정되어 읽혀졌다. 증정되는 방법은 두 가지로,

41) Society for the Diffusion of Christian and General Knowledge among the Chinese. 20세기 초에 명칭을 Christian Literature Society로 변경했다.

첫 번째는 과거 고시장 밖에서 고시생들에게 배포하는 방법, 두 번째는 직접 서적을 각성의 관리들에게 보내는 방법으로 광서황제도 그들의 출판물을 입수하여 읽은 적이 있었다. 1889년, 한동안 정간되었다가 복간된 「만국공보」는 정식으로 광학회의 기관보가 되었다.

「만국공보」와 광학회가 중국근대역사에 끼친 공헌은 역사가들도 인정한다. 사실 양무파와 유신파를 막론하고 모두 이런 간행출판물의 영향을 받았다. 또 선교사의 의견은 그들의 서학과 새로운 정치사상의 주요 출처가 되었다. 심지어 강유위康有爲와 양계초梁啓超의 논설은 선교사의 저작에서 많은 부분을 직접 베낀 것이었다. 따라서 우리가 만일 이런 근대사상사의 인물에 대해 긍정적인 평가를 한다면, 선교사들은 그들에게 서학의 씨를 뿌린 인물이 되고, 그 공적을 마음대로 폄하할 수 없을 것이다.

이외에 1877년 제1회 중국 개신교 선교사 대회에서 「익지서회益智書會」를 설립했다. 이 서회는 1890년 제2회대회에서 「기독교교육회」로 개명했고, 또한 많은 서학서적을 출판했다. 비록 이런 서적들이 주로 선교학교의 교과서용으로 제공되었지만 서학을 중국에 도입한 중요한 기구 중 하나였다. 기독교교육회 산하에 「통일역명위원회統一譯名委員會」는 서학의 명사名詞번역을 통일시키는데 매우 중요한 공헌을 하였다.

선교노선의 분화

앞에서 말한 것처럼, 선교사들이 중국의 서구화 개혁에 참여한 배후에는 서구화와 기독교화 간의 관계에 긍정적이었기 때문이었고, 이런 관점은 19세기 중국선교사의 보편적인 신념이었다. 설사 서구화 개혁에 투신하지 않은 사람이라 하더라도 이 관점에 반대하지는 않았다. 단지 그들은 기독교화의 우선순위를 전면에 두고 서구화를 기독교화된 중국 교인 집단에 국한시키려 했다.

서구화와 기독교화라는 두 가지 임무의 전후관계에 대해 선교사들은 매우 큰 차이를 나타냈다. 사실 이 문제가 연루된 것은 전후순서뿐만 아니라 직접전도와 간접전도의 쟁론, 중국의 선교사역의 핵심을 상층 지식인에게 두느냐 아니면 하층의 서민대중에게 두느냐 등의 신학과 정책상의 쟁론을 포함하고 있다.

선교사들이 천리 먼 곳 중국으로 온 목적은 물론 복음을 중국인에게 전하는 것이었다. 하지만 복음을 중국인에게 어떻게 전하려고 생각했을까? 협의로는 선교사가 그들에게 복음내용을 직접 선포하여 중국인들을 개종시키는 것을 가리키지만, 광의로는 선교사들은 중국인들이 개인적 결단과 믿음을 가지기를 희망하는 것 외에도 중국인들의 사상과 심리상태를 개조하여 지식면이나 생활면에서 신앙의 요구에 부합시키고자 하는 것이다. 이 두 가지는 가령 시간과 자원이 모두 충분하다면 상호 충돌하지는 않는다.

하지만 선교사들은 중국에서 추수할 것은 많으나 일군이 부족하다는 사실을 깊이 경험했고, 따라서 그들은 반드시 선택해야만 했다. 앞에서 복음전파에 대해 협의의 해석을 가졌던 대표적인 인물은 허드슨 테일러와 그의 내지회였다. 내지회는 물론 교육과 의료사역에도 종사했지만 허드슨은 모든 교육과 의료 등 서비스는 도구적 의미만을 가질 뿐 목적은 중국인이 가능한 빨리 그리고 가능한 많이 개종하는 것이었다. 따라서 직접전도의 방법을 미루는 것은 어떤 일도 용인될 수 없는 것이었다. 광의의 해석을 택한 대표적인 인물은 리차드로 그 역시 직접선교사역에 관심을 가졌지만, 중국의 서구화 개혁에 협력하여 이교주의를 제거하는 일이 장기적인 안목으로 보면 중국을 복음화시키는데 더 근본적인 의미를 가진다고 믿었다. 따라서 그는 교육을 단지 수단으로만 보지 않고 선교사명을 위한 한 표현방식이라고 생각했다.

마찬가지로 시간과 자원의 한계, 더욱이 종말이 다가왔다는 절박한 관점에 대해 허드슨은 내지회의 모든 구성원들은 최선을 다해 그들이 접촉할 수 있는 서민대중에게 복음을 전하도록 요구했다. 양적으로 더 많이 복음을 전하도록 한 것이다. 리챠드는 중국이 신속히 복음화하려면 먼저 중국정부고관과 사회의 지도적 위치에 있는 신사계층에게 기독교신앙으로 영향을 주어야 하고, 일단 그들이 기독교에 굴복하면 중국 전국의 복음화는 머지않아 실현될 것으로 생각했다. 그러므로 허드슨 등은 사회하층에서 힘써 사역했고, 리챠드는 최선을 다해 조정대신과 지식인 사이에서 유세하고 변론하였다.

이는 19세기 중국선교사 가운데 발생되었던 선교노선의 차이였다.

오늘날의 관점에서 보면, 우리는 허드슨이 최선을 다해 중국인을 개종시켰던 방법이 상당히 성공적이었다고 말할 수 있다. 내지회는 20세기 중국에 있었던 가장 큰 선교회가 되었고, 선교사나 중국교인 숫자에서 가장 많았다. 또 그들은 순수한 신앙을 엄격하게 유지했다. 리챠드가 중국문화를 개조하고 지도 계층을 개종시키려던 방법은 지금도 여전히 이룰 수 없는 꿈이다. 중국인은 비록 서양문화를 받아들였지만 선교사의 서양문화가 곧 기독교문화라는 관점을 거절했고, 나아가 기독교를 거부했다.

그러나 앞에서 언급한 것처럼 허드슨이나 리챠드를 막론하고 기독교화와 서구화는 양자택일의 선택이 아니라 제한적인 시간과 자원 하에서의 전후관계일 뿐이다. 따라서 우리가 그들의 경험을 회고할 때, 하나를 긍정하면 하나를 부정하는 평가를 해서는 안 된다. 냉정히 말해서, 만약 교회가 문화적 사명을 소홀히 하여 기독교신앙에 대한 문화와 사회의 부정적인 영향을 무시하면 전체적인 문제를 살피지 못하게 될 것이다. 또 장기적으로 보면 복음사역에 대해 극히 불리한 결과를 초래하게 될 것이다. 중국근대기독교역사에서 이런 불리한 결과는 쉽게 찾아볼 수 있음을 우리는 다음에서 언급할 것이다.

제 6강

교안과 의화단사건(1842~1900)

중국교회사자료를 냉정하게 살펴볼 때, 우리는 피할 수 없는 하나의 사실을 보게 된다. 곧 기독교와 중국인의 오해, 그리고 그 오해에 기인해 발생한 충돌이다. 청말, 기독교가 중국에 소개된지 약 백 년 정도가 되었을 무렵, 기독교선교사들은 거의 모든 성省에 들어가 있었고, 그들이 가는 곳마다 기독교와 중국인의 충돌이 발생했다. 이런 기독교와 중국인의 충돌을 '교안教案'이라 칭한다. 통계에 따르면, 청말에 발생한 교안 중 문헌에 기록된 사건만 800회가 넘는다. 심지어 2,000회가 된다는 주장도 있다. 이처럼 선교사의 족적이 남은 곳에는 유쾌하지 못한 사건도 뒤따랐다.

중국전통과 반교反敎

수많은 교안이 발생한 원인을 두고 학자들은 각기 다른 관점의 해석을 내놓았다. 그 중 1960년대 폴 코헨 Paul. A. Cohen이 제기한 「중국전통반교론中國傳統反教論」이 가장 보편화되었고, 지금도 일부 중국학자들은 여전히 이 견해를 고집하고 있다.

폴 코헨은 중국문화는 정통과 이단의 계급성을 가진다고 주장했다. 정통은 유가로서 유아독존적 지위를 영위한 반면, 다른 신앙은 이단으로 취급되어 타격을 받기 일수였다고 말한다. 그는 역대 유가가 다른 종교를 반대하고 배척했던 사례로, 명말 청초의 천주교 반대와 청말기 기독교 전파 시에 부딪쳤던 저항 등을 열거하고 있다. 중국이 이단을 반대하고 또 이단으로 간주하는 모든 외래종교를 반대하는 전통이 있었음을 증명하고 있다.

리바이슝李柏雄은 코헨의 관점과 양칭쿤楊慶坤의 중국종교연구를 결합시켜 다음의 도표를 그려냈다.[42)]

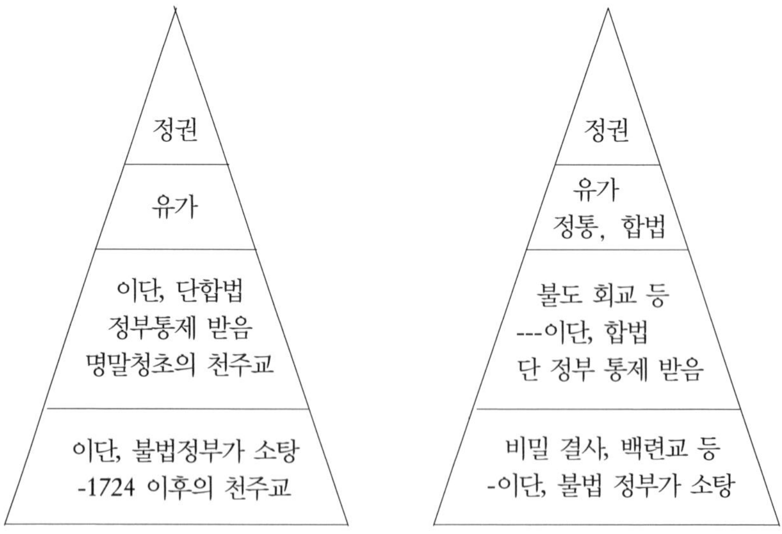

그러나 이 관점은 기본적으로 중국의 민간종교를 오해한 것이다. 전통 중국사회에서 싹튼 종교는 근본적으로 합법과 불법으로 구분할 수 없다. 민간종교의 생성은 농촌사회의 필요에 의한 것이었으므로 지금까지 지방

42) 趙天恩編, 《中共對基督教的政策》, 香港中國教會研究中心, 1983, pp. 5~13. 참고.

정부가 직접 간여하거나 혹은 불법으로 간주하여 금지하거나 통제할 수 없었다. 종교의 발전과 지방 관신[43]의 이익이 충돌을 일으킨 경우, 또는 그 종교세력의 규모확대로 종교지도자가 정치적인 야심을 드러내거나 더 나아가 종교 단체를 정치 목표를 가진 집단으로 변질시켰을 때, 정치적 박해를 당했다. 민간 종교는 절대 비밀 종교가 아니었고, 중국정부도 민간 종교의 전통을 압제한 적이 없었다.

중국 역사에서 출현한 반양교反洋教사건은 중국인의 토착종교적 관점과는 전혀 무관하다.

사실 중국인은 기본적으로 종교를 수용하는 태도를 가졌고, 대부분 종교는 자유롭게 전도할 수 있었고 정부의 도움을 받기도 했다. 그 종교가 정권이나 사회에 위협을 가하지 않는다면 박해를 받지 않았다. 유가사대부는 유가 이외의 모든 사상을 거의 이단사조로 간주하기도 했지만 엄격하게 말하면 유가 자체도 종교가 아니었기 때문에 사상충돌 또는 종교투쟁이라 할 수는 없다. 또한 일부 통치자들은 불교나 도교를 숭상했던 연유로 다른 종교를 배척한 경우가 있었지만 소수에 불과했다. 중국 역사상에서 종교투쟁은 매우 희소하다고 할 수 있다.

중국인이 종교를 용인했던 까닭에 각종 신앙이 모두 공존할 수 있었고, 종교 상호간에도 영향을 주었다. 외래 종교는 전통신앙과 혼합되기 쉬웠는데 불교가 좋은 사례라 할 수 있다. 어떤 종교가 대립을 강조하면 중국인의 인심을 얻을 수 없었다.

하지만 중국인이 종교를 쉽게 수용하고 관대하게 대우했다고 해서 정부가 방임적인 태도를 취했다고 말하는 것은 아니다. 공교롭게도 그 반대

---

43) 관리와 신사紳士계층

라 할 수 있다. 중국황제와 정부관리는 줄곧 종교에 적극적으로 간여하고 관리했다. 이는 종교가 유신론적인 신앙이기 때문이 아니다. 신앙에서 확장된 사상체계를 보유하고 있고, 또 하나의 강력한 응집력을 가진 사회조직으로서 잠재적인 정치역량을 가질 수 있기 때문이었다. 중국역대황제는 백성의 사상을 가장 역점을 두고 방어하고 완전하게 통제해야 했다. 어떤 사상 일파의 독특한 주장이 민심을 동요시키고, 공공의 안녕을 파괴하는 화근이 된다고 여겨지면 압제될 가능성이 있었다. 그 밖에 종교단체는 하나의 사회조직으로서 그 사회적 기능이 반드시 종교 내에서만 국한되어야 하고, 정치 · 사회 · 경제의 범위 내로 진입해서는 안 되었다. 종교단체 자체의 발전적 한계 또한 반드시 정부가 희망하는 그 역할기능의 경계 내에서만 가능했고, 다른 사회조직을 방해해서는 안되었다. 예를 들면, 당 무종이 불교를 소멸한 것은 불교가 지나치게 발전하여 승려와 사원의 재산이 급증했고, 국가의 요역과 세수에 극심한 영향을 주었기 때문이었다. 더욱이 사원이 백성들의 탈세와 요역 면제의 도피처가 되었으므로 정부가 좌시할 수 없어 전면적인 압제를 가하게 된 것이었다.

하지만 1강에서 본 것처럼, 정부가 대대로 종교를 통제한 것은 사실이지만 통제란 표현이 타격을 준 것만 의미하지 않는다. 때때로 큰 도움을 주었고, 특히 정부가 종교의 중요한 사회기능에 대해 어느 정도 만족스럽게 여겼을 때는 더욱 그러했다. 경교가 중국에 전래되었을 당시, 당 태종은 재상을 수도 교외까지 보내 영접했고, 자금을 들여 사당을 건축하고 경전번역을 장려했으며, 필요한 경비 등을 제공하였다. 이런 방법은 현재의 관점에서 믿기 어려운 일이다. 협조와 타격은 정부가 종교를 통제하는 양면적 표현이다.

그러므로 「중국전통반교론」은 수정이 필요한 이론이다.

관신반교官绅反教의 주장

우리가 전통 속에서 문제의 해결방법을 찾을 수 없다면 만청晚清의 역사무대로 되돌아가서 백성들이 반교反教를 야기한 실제적인 원인이 어디에 있는지 살펴 보아야 할 것이다.

우선 현상적으로 보면 유가사대부는 기독교를 반대한 가장 주된 집단이다. 여기에는 정부관리 및 지방에서 사회기층의 골간이었던 신사를 포함하고 있다. 그들은 공공연하게 기독교를 공격했고, 종종 교안을 막후에서 조종하는 선동자요 기획자였다. 신사계층은 왜 기독교를 반대했을까? 그들이 발표한 글에서 자신들이 인식한 대략 세 가지 정도의 가장 중요한 이유를 볼 수 있다. 이 세 가지 이유는 유가전통과 관련되어 있다.

첫째, 원칙적으로 중국인은 기독교로 개종할 수 없다. 중국문화는 아주 오랜 역사를 가지고, 또 역대 출현한 성인과 철학자, 현자가 적지 않다. 이들은 천부적인 지혜로 완전무결한 지식과 생활규범을 후세에 전수했고, 이는 세상에서 가장 완전한 도리로서 영원히 변치 않을 것이라 생각했다. 따라서 중국인은 지식적 측면이나 도덕적 측면에서 모두 자급자족할 수 있고, 중국문화 스스로 도덕전통을 정립했으므로 오랑캐 땅의 이방문화를 받아들일 필요가 전혀 없다고 주장했다.

만청 유가사대부는 이런 식의 이론을 제기하며 단지 기독교에만 그치지 않고 그들이 서구화에 반대하고, 전면적으로 외래문화를 저지하는 주된 이유로 삼았다. 이른바 '화이지변华夷之辨'이란 '중화로서 오랑캐를 변화시킨다'는 말인데, 어떻게 거꾸로 '오랑캐가 중화를 변화' 시키려 하는가! 기독교는 외래문화이고, 또 중국문화가 충분히 만들어낼 수 있는 것으로서 자연히 폐기되어야 한다. 오늘날까지 중국의 일부 신유가新儒家

지식인들은 동일한 이론을 견지하고 있다. 예를 들면, 동해대학 차이런호우蔡仁厚 교수는 중국인의 기독교 신앙에 대해 '믿을 수 있다, 없다' 에 있지 않고 '필요 없다' 에 초점을 맞춰야 한다고 단호하게 주장했다. 중국인들은 윤리도덕에서 우주, 인생에 이르기까지 모두 해석할 수 있고, 기독교가 부가할 수 있는 것은 더 이상 아무것도 없다고 말한다.

둘째, 내용적인 면에서 중국인은 기독교 교리를 수용할 수 없다. 유가는 현세적 사상으로 현실적인 인생문제에 관심이 있을 뿐 귀신이나 내세 등에는 그다지 큰 관심이 없다. 한유汉儒 이후, 유가는 점차 음양과 도교, 불교의 종교성분이 혼합되고, 심지어 원래 순수했던 도덕철학의 틀이 붕괴되어 방대한 형이상학과 우주론을 가진 사상으로 발전했다. 하지만 그 주된 강조점은 여전히 자연주의 경향이 강했다. 공자의 「아직 사람도 섬기지 못하는데 어떻게 귀신을 섬길 수 있겠는가未知生, 焉知死」, 「제사 때는 조상이 앞에 계시다고 여기고 신을 모실 때에는 신이 앞에 있는 듯이 하라祭如在, 祭神如神在」, 「괴상하고 힘쓰는 일과 소란스럽고 귀신에 관한 이야기를 말하지 않는다不語怪力亂神」는 태도는 아직도 후세 유학자들에게 존중받고 있다.

바로 이런 자연주의적이고 이성주의적 태도를 바탕으로 유가사대부는 그리스도가 동정녀에게서 출생한 사건이나 이적과 천당지옥 등 기독교신앙의 초자연적인 부분을 거부하였다. 인간은 모두 죄가 있다는 기독교의 원죄론에 대해서 도유가 성선설과 융화하지 못하는 것으로 오해하여 자연히 엄청난 저항과 충돌을 초래하게 되었다. 청말 반교의 주장에는 기독교 교리에 대한 적잖은 반박과 배척적인 내용이 포함되어 있다.

셋째, 도덕윤리와 사회효과 측면에서 중국인은 강경하게 기독교교리를 거부했다. 유가의 기본적인 관심은 인간과 인간의 관계, 인간과 사회의 관계의 화합이다. 이런 화합을 달성하기 위해사람들은 자율과 극기를 필요로 할 뿐 아니라 인간관계 속에서 공동으로 준수해야 하는 제도와 약속을 이행해야 한다. 이 제도와 약속은 주관적인 품행에서 말하면 도덕이고, 객관적인 규범에서 말하면 예법이다. 도덕예법은 모든 인륜질서와 사회안전의 기초와 유기적인 관계를 맺고 있고, 모든 외래종교는 이 예법을 무조건 인정하고 준수해야 한다.

기독교의 도덕표준과 유가사상은 실제로 그다지 큰 차이가 나지 않는다. 적어도 충효에 대해서는 쌍방이 모두 동의하고 있다. 하지만 도덕적 요구를 어떻게 가시화하느냐의 표현방식은 큰 차이를 드러낸다. 예를 들면, 중국인이 효를 표현하는 중요한 방식은 조상에게 제사를 지내는 것으로 오래 전부터 정중히 예를 갖춰왔다. 하지만 기독교 선교사들이 교인들에게 제사행위 금지를 요구하자 중국인들은 기독교가 부모에 대한 효도를 반대한다고 의심하지 않을 수 없었다. 기독교 교리와 유가의 예법이 융화되지 않음으로 종종 충돌과 오해를 일으키는 주된 원인이 되었다. 청초의 예의논쟁도 이와 마찬가지였다. 청조 말기, 개신교가 전파된 후에도 자주 이 문제로 의견 충돌이 일어났고, 심지어 유가사대부는 조상숭배 금지는 인성행위 말살이라고 질책했다. 그들은 사람과 짐승은 차별이 있다는 말로써 중국에서의 기독교 전파를 반대하였다.

이상은 만청의 관신이 제시한 반교 주장 중에서 기독교를 반대하는 주된 세 가지 이유이다. 그러나 여기서 반드시 유의해야 할 점은 신사들이 문헌상에서 열거한 대부분의 반교 이유가 반교 정서의 표면적인 이유와 논거 합리화에 불과하다는 점이다. 그들이 기독교에 원한을 야기한 원인이 반드시 '중화와 오랑캐의 차별' 이나 '사람과 짐승의 차별' 과 같은 이런 고상한 구호 안에만 있는 것은 아니다. 따라서 그들의 주장을 분석하는 것 외에 우리는 다시 기독교가 전파되던 시점으로 돌아가 도대체 신사계층과 어떤 오해가 있었는지, 또는 어떤 실제적인 이해충돌이 있었는지에 대해 심도 깊게 연구해야 한다. 필자는 오해와 이해충돌이 관신들이 기독교를 반대한 진정한 원인이라고 믿는다.

사회풍속, 관신과의 이해충돌

청초, 폐관정책이 시행되고 백 여 년간 중국과 서양의 접촉은 최저 수준까지 감소되었다. 양쪽의 국민들은 서로의 예속과 습관에 대해 전혀 이해하지 못했고, 심지어 접촉할 기회조차도 부족했다. 따라서 갈색머리에 푸른 눈, 이상한 복장을 한 선교사가 거의 봉쇄되어 있던 내지內地에 침입했을 때, 초래된 호기심과 소동은 상상 이상이었다. 소위 '나와 다른 족속이면 그 마음도 필시 다를 것非我族類, 其心必異' 이라고 생각하는 중국인이 모든 것이 낯선 외지인[44]을 의심하고 시기심을 가지는 것은 필연적이었고, 외국인에 의해 발생할 수 있는 불행과 우환을 막기 위해 마을마다 곳곳에 방어막을 설치했을 것이다. 중국인들은 이런 의심어린 선입견 가운데 선교사의 기괴하고 이상한 행동과 관련해서 자연히 부정적인 억측을 만들었고, 여러 가지 헛소문과 오해는 이로부터 유래한 것이다.

중국인은 남녀 예법을 매우 중요시한다. 이성간의 어떤 약간의 친밀한 왕래조차도 풍기문란으로 단정할 정도이다. 실제로 인의도덕으로 뭉쳐진 사람도 종종 성性과 관련된 괴담기사를 만드는 것을 매우 좋아했고, 선교사에 대한 유언비어와 오해는 주로 이 부분에 집중되었다. 서양귀신 선교

---

44) 특히 피부색, 외모, 언어 및 생활습관 등 각 방면에서 완전히 다른 서양인.

사가 우리 마을에 오니 마음을 놓을 수가 없다. 그들은 무엇을 하려고 여기에 온 것일까? 가장 큰 가능성으로 양가집 규수를 유혹하기 위해서 온 것으로 결론짓는다. 만약 우리가 교회사자료를 접하지 않았더라면 이런 논리적인 추론이 그 정도까지 미칠 것이라고는 상상하기 어렵다. 그러나 중국인의 이런 추론은 전혀 근거 없는 얘기는 아니다. 예를 들면, 가족 중에 부녀가 기독교로 개종한 후, 그녀들은 부형의 금지령에 순종하지 않고 계속해서 교회당을 다니며 집회에 참가했을 것이다. 이에 대해 부형의 유일한 합리적인 해석은 그녀들이 선교사의 마약을 맞았거나 혼백이 붙어 몸을 마음대로 할 수 없게 되었다는 것이다. 그 밖에 세례는 사람을 오해하기 쉽게 만드는 또 다른 예식행위였는데, 독신남녀가 함께 물속에 들어가 무엇을 했을까 라는 점이다.

위의 추측은 단서가 있어 찾을 수 있었지만 유사한 방식으로 전해진 일부 유언비어는 순전히 마음대로 상상한 것이다. 예를 들면, 청조 말기에 중국에 온 천주교선교사의 가장 일반적 사역은 버려진 아이들을 위한 고아원 설립이었다. 하지만 고아원의 열악한 위생설비와 수용된 아이들이 체질적으로 허약하여 쉽게 발병하였다. 이로 인해 고아원은 영아가 사망하는 일이 자주 발생하고 또 전염되어 다수의 영아가 사망하는 사건이 일어났다. 유언비어는 이로부터 발생했다. 중국인들은 선교사가 이국 만리에서 순수하게 중국인에게 선한 일을 하고 복을 베풀기 위해 왔다는 말을 처음부터 믿지 않았다. 고아원 설립과 같은 사회봉사는 필히 다른 목적이 있기 때문이고, 현재 다수의 영아 사망으로 그들의 저의가 폭로되었다고 여겼다. 중국인은 더 나아가 선교사가 많은 영아를 고아원에 수용하고 살해한 목적은 '채복술採補術' 45)을 위한 것으로 추측하였다. 서양인은 이런 남녀아동을 붙잡아 동정동혈童精童血을 빼내어 아이들을 탈진시키고 사망에 이르게 한 다음, 단약丹药을 제조하다가 체포되었다는 등이었다. 이런 억측은 전혀 사실에 근거하지 않았지만 중국인들은 굳게 믿고 의심하지 않았다. 이런 소문이 퍼지면일부 폭력적인 사람들은 고아원을 파괴하고 선교사를 살해했다. 교안은 늘 이런 식으로 발생했다.

이상의 여러 가지 유언비어와 오해 외에도 실질적인 이해충돌 또한 교안을 발생시키는 중요한 원인이었다. 그 중에 가장 빈번하게 발생한 것은 '영신대회迎神賽會' 문제였다.

소위 '영신대회'는 어느 한 지방에서 매년 추수를 마친이후나 특별히 축하할 일이 있을 때 거행하던 대규모 종교활동을 말한다. 신의 은혜와 보호에 감사하는 행사였다. 이 종교활동은 일반적으로 지역공동체적인 것으로 모든 촌민이 참여해야 했고, 행사비 성금도 호구 수에 따라 납부해왔다. 하지만 촌민이 일단 기독교로 개종하게 되면 신앙적인 금기를 이유로 모든 이교적인 활동에 참여하기를 꺼렸다. 또 경비 납부도 거부하였다. 이는 중국인과 기독교가 충돌하게 되는 일대 화근이 되었다. 이런 충돌은 각지에서 빈번하게 발생했고, 이후 총리아문은 선교사와 외국영사의 요구에 따라 영신대회 성금 납부를 강요하는 행위를 금한다는 공문을 하달하기에 이르렀다. 하지만 이로써 문제가 해결되지는 않았다. 사실상 중국인의 입장에서 교인들의 성금 납부를 면제하는 것은 절대로 불공평한 처사였다. 첫째, 본래 영신대회는 촌락의 축제로서 모든 구성원들이 참여해야 할 의무가 있는데 어떻게 기독교인만 예외가 될 수 있느냐는 점이다. 둘째, 영신대회 거행은 신의 은혜에 감사하는 것일 뿐만 아니라 내년에도 풍우가 순조롭고 촌락이 평안하기를 비는 행사라는 점에서 더 중요했다.

---

45) 도교에서 타인의 정혈精血을 취하여 자신을 보양하는 것.

이런 좋은 일은 모든 촌민이 마땅히 공유해야 하는 것으로, 기독교인도 그 혜택을 나누어 가지면서 어떻게 그들은 이익만 누리고 어떤 의무도 지지 않느냐는 것이었다. 셋째, 기독교인의 성금납부거부는 다른 반기독교인들이 기독교인들이 원래 납부해야 하는 액수까지 대신 보충해야 한다는 것을 의미했다. 넷째, 가장 중요하게 촌민이 우려했던 점은 교인들의 제사 참여거부로 인해 전 촌락의 대동단결이 깨지고, 신이 노하여 우환이 생기면 그 영향이 교인에게만 미치는 것이 아니라 촌민 모두에게 영향을 줄 것이라는 것이었다. 중앙정부의 금지 명령이 있었지만 영신대회를 계기로 발생하는 이해 충돌은 중국인과 기독교인 사이에서 항상 심각한 논쟁과 불화를 발생시켰다.

영신대회로 발생된 이해 충돌이 대부분의 촌민들과 관련된 것이었다면 선교사의 중국거류는 특별히 신사 계층의 이익에 위협을 주는 것이었다. 신사 계층은 중국사회의 가장 중추적인 세력으로서 관청이 백성들과 소통하는 유일한 연결 고리이자 중요한 매개체였다. 한편으로 그들은 인력이 부족한 지방 정부에 협력하면서 지역 내에서 정부의 각종 명령을 수행하였고, 다른 한편으로는 지역인들을 대표하여 정부로부터 그 지역의 이익을 쟁취하고 보호하였다. 그 중요성은 상상 이상이었다. 신사계층 중에는 인정이 두텁고 정의감이 강하며, 공공이익에 열심인 사람도 적지 않았다. 하지만 우리가 일방적으로 그들을 무한정 미화할 수만 없는 것은 다수의 역사 자료가 이 사실을 뒷받침하고 있기 때문이다. '지주화' 된 신사계층은 무법천지의 약탈 계급이 될 수도 있었다. 그들은 소작민을 착취하고 백성들을 능멸했으며, 관청과 결탁해서 소송을 청부 받아 돈벌이에 사용했고, 일체의 지역건설 사업을 주도하며 비리를 일삼았다. 심지어 향토를 보위하는 향용鄕勇조직조차도 신사들의 무장 사병으로 전락할 정도로 말로 다할 수 없는 대단한 권력을 가졌다. 일반 백성은 그들에게 전혀 반항하거나 대항할 수 없었다.

그러나 선교사의 출현은 모든 국면에서 중대한 변화를 발생시켰다. 선교사는 지방 신사의 통제를 받지 않았으므로 신사들이 지방을 통제하는데 필요한 양대 무기인 예법과 향용은 그들에게 어떤 영향도 미칠 수 없었다. 또 원래 신사들과 상호 결탁되어 보호해주던 관청도 선교사에게 어떤 지나친 행동을 취할 수 없었다. 따라서 신사는 선교사에게 완전히 무능한 존재였다고 말할 수 있다. 신사들이 서양귀신을 통제할 수 없다면 그것으로 그만이다. 하지만 전체 사회공동체 내에서 서양종교를 믿는 교인들은 곧 선교사의 집단 속으로 진입하는 것을 의미했고, 그들은 또 그로 인해 신사들의 관할에서 벗어나게 되었다. 전통 예법과 향례鄕例는 더 이상 교인들에게 적용되지 않았고, 지역의 성금이나 공공의무도 때때로 면제받을 수 있었다.[46] 교인들은 신사들의 착취와 능욕을 받지 않아도 되었고, 선교사들이 그들 대신법정에 출두하고 심지어 관청에 고소하기도 했다. 교인들은 중국정부와 외국영사가 보호하는 특수단체라는 내용이 불평등조약에 명백히 기재되어 있었으므로 지방관청도 공정하게 처리할 수밖에 없고, 관리들이 선교사들을 두려워한 나머지 교인들에게 편파적이었다. 비교인과 교인의 소송이 발생하면 원래 소송을 독점하여 돈을 벌던 신사들도 아무런 특권을 누리지 못했고, 이런 일들로 신사계층이 선교사와 기독교인들을 적대시하게 되었다.

신사는 사회적으로 반교를 가장 강력하게 주장했던 계층으로서 대부분의 교안 배후에는 어김없이 신사들의 계획과 선동이 있었고, 이런 사실은

---

46) 이는 예교禮教의 수호자로 자임한 신사들에게는 용인되기 어려운 일이었다.

당시의 선교사들도 모두 알고 있었다. 그러므로 교안이 발생하면 외국영사는 사건 처리에 개입했고, 반드시 주모자인 신사를 처벌하도록 요구했다. 하지만 신사는 지방에서 중요한 지위를 가졌으므로 관청은 몇몇 무고한 백성을 체포하여 처벌할 뿐 신사는 보호하였다. 이는 우리가 아래의 교안 사례에서 볼 수 있다. 신사가 기독교에 반대했던 중요한 원인은 이해 충돌에 있었고 그들이 제기한 예의문제는 부차적인 구실에 불과했다.

선교사의 태도와 행위

이상에서 말한 오해와 이해충돌은 어떻게 보면 모두 중국인들에게만 책임이 있는 것 같다. 하지만 수많은 교안이 계속해서 발생하는 상황에서 일방적으로 한 편만 가해자가 되고, 상대편은 무고한 피해자일 수만은 없다. 실제로 선교사의 일부 부당한 조치와 행위도 교안을 야기한 원인이 되었다.

첫째, 교안 발생의 원인은 구예배당 환수로 인한 문제이다. 앞의 3강에서 언급한 바와 같이 1846년 중 · 프 북경조약에 교회재산 환수가 명문화되었다. 표면적으로 보면, 이는 합리적인 요구였지만 집행 시에 극도의 혼란과 비극을 초래했다. 강희 · 옹정제에서 동치제同治帝까지 시간적으로 100여 년의 차이가 있음을 반드시 알아야 한다. 이 장구한 세월 속에 원래의 천주교 재산은 상당수 강점되고 수시로 매매되어 소유자가 수 차례 바뀌었다. 가령 이 교회재산이 주민들의 거주지로 사용되었다면 백여 년간 최소 4~5대가 거주했을 것이다. 갑자기 주택이 강점된 교회재산으로 지정돼 곧장 이사를 해야 한다면 그 분노와 저항 정도는 엄청났을 것이다. 그래도 교회재산이 주택으로 개조된 문제는 백성들이 사소하게 당한 불행한 일로 치부하고 별다른 풍파를 일으키지 않을 수 있다. 그러나 더욱 심각한 일은 농촌에서 보기 힘든 대형 건축물로서, 이런 교회재산은 통상 사당이나 묘당, 학교 등 사회 단체가 공용으로 사용하는 장소로 개조되어 있었다. 이 건물의 몰수는 전체 지역공동체의 저항을 야기했으며, 건물을 새로 지어 이전하는 정도로 간단히 처리할 수 없었다. 사당이나 묘당을 옮기는 것은 복잡한 일이었기 때문이다.

더 복잡한 문제는 그 이후에 일어났다. 동치연간에 교회재산을 몰수한 주체는 100여 년 전 그 곳에 교회당을 건축했던 선교사들 본인들이 아닐 뿐더러 원래 예수회 소속이나 이탈리아국적을 가진 사람들도 아니었다. 19세기 프랑스가 로마교황청으로부터 해외선교의 보교권保敎權을 얻었고 프랑스정부는 각지역의 천주교선교사를 보호할 책임이 있었으므로 구예배당을 환수하는 임무도 프랑스주중영사에게 있었을 뿐이다. 오랜 시간이 흘러 문서가 온전히 보존되지 못한 상태에서 건물 외관이 바뀌고, 예배당의 장식이 모두 떨어져 나갔다면 그 건물이 본래 예배당인지조차도 식별하기 어려웠을 것이다. 이를 빌미로 선교사들은 제멋대로 일반 주택을 예배당이었다고 우기는 사건이 발생하게 되었다. 그 밖에 더 지독한 선교사는 교회재산을 차지했던 주민에게 과거 100여 년간의 임대료와 이자를 배상하도록 요구했다. 이런 요구가 어떤 결과를 일으킬지 잘 생각해보기 바란다.

둘째, 관직 품계品階 문제로서 주로 천주교 선교사와 관련되어 있다. 중국은 과거부터 천조天朝 대국으로 자처하며 다른 국가의 백성은 변방의 오랑캐로 취급했고, 동등한 지위와 예법으로 대우하지 않았다. 하지만 근대 서양열강은 이를 용인하지 않았다. 중 · 영 양국은 1842년에 체결한 남경조약에서 동등한 지위로 교류할 것을 명시하였고, 이로부터 다른 국가들도 이를 모델로 삼고 중국과 동등한 관계를 맺게 되었다. 품계 문제는 단지 국가간의 교섭에만 그치지 않았다. 프랑스국적의 천주교선교사는 중국인과 문제가 발생할 때마다 반드시 지방정부와 교섭하여 처리하였다. 당시 정부관리와 대면할 때 상대를 동급으로 예우해야 하는지 아니면 하급으로 대해야 하는지, 서한을 왕래할 때 어떤 칭호를 사용해야 하는지 등도 하나의 중요한 문제가 되었다. 마침내 중 · 프 양국은 천주교선교사의 성직 품계에 따른 중국지방정부의 관리직급을 대조하는 협의를 하기에 이르렀다. 이는 원래 쌍방이 문제를 만들지 않으려는 의도가 목적이었지만 일부 선교사는 그 지방에서 자신들의 지위를 누리는데 사용했다. 그들은 품계대조표를 남용하여 중국정부관리보다 큰 자색 가마를 타거나 관청의 관주가 찍힌 서류를 사용해 관리들과 교신했다.

셋째, 선교사가 재판에 관여했던 문제로서 매우 복잡하다. 먼저, 기독교인들은 신앙을 가졌다는 이유만으로 촌락에서 능욕과 핍박을 당했다. 선교사들은 그들을 보호해야 한다는 책임을 느꼈고, 그들이 외부 압력과 핍박으로 신앙을 포기하는 일을 막아야 했다. 둘째, 선교사들은 중국의 사법제도가 지나치게 야만적이고 불공평하다고 느끼고 있었다. 교인들이 기독교로 개종하면 마땅히 사법적으로 더 이상의 불공평한 대우를 받지 말아야 하고, 서양 수준의 법률적 보장을 누려야 한다고 생각했다. 셋째, 두말할 필요 없이 소송을 도와 교인을 증가시킬 수 있었다. 그런 교인들은 기독교를 믿는 동기가 불순할 수 있지만 어쨌든 교인이 사법사건에 연루되어 선교사들에게 도움을 요청하면 대부분 선교사들은 거절하지 않고 개입했다. 하지만 선교사는 모든 사건의 속사정을 이해하지 못한 상태에서 일방적으로 교인들의 말만 들을 뿐이었다. 또 교인들이 억울한 일을 당하면 당연히 피해자라고 생각하는 선입견이 있었다. 이런 상황을 악용하는 사람들도 있었다. 원래 단순한 이해충돌로 시작된 사건도 선교사에게 도움을 요청하면 시간이 경과할수록 교인과 비교인의 충돌로 비화되어 갔다. 선교사는 교인이 신앙 때문에 다른 사람들에게서 고통을 당하고 있다고 생각하고 「선교보호조항」을 끌어들여 적극적으로 그들을 도왔다. 이런 식의 소송간여로 교인들을 보호할 수는 있었지만 동시에 비교인들에게 더 심한 원성을 사게 되었다.

교안의 결과

신사계층이나 일반평민을 막론하고 오해와 이해충돌은 서로에게 악감정을 갖게 하였고, 선교사나 교인의 부당한 행위는 백성들을 더욱 분노케 했다. 상호간의 시기와 원한 어린 정서는 갈수록 악화되어 마침내 무력충돌과 유혈사태, 법적 소송을 벌이고, 나아가 외교분쟁까지 초래하게 되었다.

교안이 발생하면 해결방법은 통상적으로 다음의 절차에 따라 진행되었다. 어느 지역에 교안이 발생하면 그곳의 선교사가 연루되어 직접 그 지역의 지방정부에 항의하는 동시에 모국에서 파견한 그 지역 또는 인근의 영사에게 보고했다. 영사는 소식을 접한 후, 조사에 착수하는 한편, 베이징의 대사에게 이 소식을 알렸다. 대사는 소식을 접한 후, 중국의 총리아문에 교섭을 제안하여 중국이 조약에 근거하여 공정하게 처리할 것을 요구했다. 심지어 어떤 때는 외교나 무력으로 위협하였다. 총리아문은 이런 사건이 심각한 국제분쟁으로 발전하고, 열강에 중국을 침입하는 빌미를 제공하는 것을 두려워하여 지방관리에게 엄격히 처리하고 합의하도록 일임했다. 총리아문은 총독에게 일임하고, 총독은 순무巡撫에게 일임하여 재차 각지의 관리에게 하달하였다. 7품의 관리는 이렇게 엄청난 압박 속에서 어떤 선택의 여지가 없었다. 일단 미흡하게 처리하면 심각한 국제적인 충돌을 야기시켜 관직을 잃게 될 뿐 아니라 생명 보전도 장담할 수 없었다. 이 상황에서 관리는 선교사나 외국영사의 요구를 존중해서 처리할 수밖에 없었다.

교안은 백성과 교인 쌍방에 매우 큰 불행을 안겨주었다. 교안의 주된 형식은 백성들이 예배당과 선교사를 공격하는 것으로 선교사와 교인들에게 교회재산과 사유재산에 손실을 가할 뿐만 아니라 많은 경우 생명의 안전에도 큰 위협을 주었다. 실제로 청조 말기 중국선교사와 가족들은 교안으로 인해 300명 이상이 피해를 당했고, 또 중국교인중 사상자 수와 재산손실은 이루 말할 수 없었다. 그러나 비교인에게도 교안 발생의 결과는 매우 엄청나 외국영사와 군대의 개입과 요구가 가혹할 정도로 여겨졌고, 또 적지 않은 백성이 살해를 당하고 거액을 배상함으로써 지방재정의 압박을 가중시켰다. 더 중요한 것은 서양열강은 항상 교안을 중국과의 마찰을 일으키는 구실로 삼아 중국이 영토를 할양하고 금전을 배상하도록위협했고, 더욱 큰 이권을 양보하도록 했다. 예를 들면, 1897년 독일은 두 명의 독일선교사가 산동에서 살해당한 것을 구실로 출병하여 교주만膠州灣을 점령했다. 이처럼 열강은 교안이 발생한 후 1~2년간 중국에서의 세력범위를 경쟁적으로 확장하려는 책동을 일으켰다. 교안의 영향이 얼마나 엄청났는지 이를 통해 잘 알 수 있다.

독자들의 교안에 대한 이해를 돕기 위해 아래에 「양조우교안揚州教案」을 사례로 사건의 전체과정을 간단하게 서술한다.

1868년, 프랑스국적의 천주교선교사 세킹어J.Seckinger는 양조우에서 교회당을 건축하고 고아원을 설립했다. 이 때 민간에서는 선교사가 '눈을 파고 심장을 가른다', '뇌로 약을 제조한다' 등 헛소문이 돌았다. 그 후,

고아원에 수용된 영아가운데 사망자 수가 급증했고, 게다가 아동들이 실종되었다는 소문이 돌았다. 민심이 흉악해졌고, 백성들이 도처에서 선교 건물들에 방화를 하고 선교사들을 공격하였다. 원래 고아원과 전혀 무관했던 개신교 선교사 허드슨 테일러도 연루되어 주택이 파손되었다.

교안이 발생한 후, 영 · 프의 선교사들이 연루됐으므로 양국은 부영사를 파견하여 조사하도록 했다. 영국의 주 상하이 영사 메드허스트W. H. Medhurst는 직접 군대를 이끌고 양조우로 와서 이 사건의 조사책임을 맡고 있던 양강총독 증궈판曾國藩에게 확실하게 처리하도록 압박했다. 쌍방은 여러 차례 담판을 거치는 동안, 메드허스트는 교안의 막후 조종자인 신사를 엄격히 처리하고, 선교사들에게 손해를 배상하도록 했다. 또 칙령을 내려 백성들이 교회당과 선교사의 안전을 위협하지 못하게 하고, 선교사들의 주택을 수리할 것을 요구했다. 증궈판은 최대한 신사들을 보호하여 처벌하지 않았지만 나머지는 요구에 따라 처리할 수밖에 없었다.

사실상 지방관리는 교안의 전체 과정에서 내내 선교사의 안전을 보호하는데 힘썼다. 사람을 파견하여 보호하는 한편, 허드슨 등에게는 양조우를 떠나 잠시 피신할 것을 권유하기도 했다. 백성들이 극도로 분노해 있어 관리들이 사건 발생을 제지할 수 없었기 때문이었다. 하지만 양조우부지사와 간첸甘泉현령은 교안 발생으로 면직처분을 당했다. 단 한 차례의 교안으로 인해 어렵고 힘들게 공부하여 그 직위에 오른 유생의 장래가 허무하게 망가졌으므로 백성들에게 큰 본보기가 되었다. 관리들은 가능한 한 교인들의 편에 서 있어야 했고, 교안이 발생하지 않도록 각별한 관심을 기울여야 했다.

하지만 지방관리가 선교사를 두려워하여 일이 발생할 때마다 교인들의 편을 들자 오히려 일부 교인들은 더 무도한 짓을 일삼기 시작했다. 종교적 명분으로 도처에서 부당하게 사익을 꾀함으로써 기독교를 향한 더 큰 불만을 야기시켰다. 더욱이 지방관리가 편파적으로 교인을 도와 법이 공정하게 집행될 수 없게 되자 백성들은 고정관념을 갖게 되었다. 관청이 백성들에게 도움을 주지 못하게 된 이상 백성들이 서양인에게 받는 모욕을 피할 합법적인 경로는 사라졌다. 합법적인 경로가 소멸되자 백성들은 갖은 불법적인 폭력수단을 동원하여 서양인에게 대항할 수 밖에 없었다. 간접적으로 교안의 발생을 경험해 보자. 예를 들면, 의화단 사건이 폭발하기 전 3년간(1897~1899), 산동에는 교안이 여러 차례 발생했고[47], 이는 의화단사건의 발생과 어느 정도 관계가 있다고 볼 수 있다.

우리는 의화단사건이 청대에 가장 심각했던 교안이라고 알고 있다. 교안의 전체과정에 관해서는 여기서 상세히 설명할 수 없다. 하지만 이처럼 방대한 '반교배외운동反教排外運動'이 일방적으로 중국인의 무지와 우매, 미신 때문에 발생했다는 것은 이해하기 힘들다. 의화단사건의 결과로 반교배외운동이 산동 · 산시 · 직예 · 내몽고 등지에 만연했고, 통계에 따르면 개신교선교사 188명이 사망했고, 교인 사망자는 5,000명에 달한다. 이는 중국교회의 비극이다. 당연히 우리는 의화단사건이 8개국 연합군이 베이징을 함락시키는 결과를 초래했고, 10여 만 명의 중국인이 피해를 입었다는 사실을 동시에 알 필요가 있다. 신축화약辛丑和約에서 중국은 4억 5천만 냥이라는 천문학적인 액수의 배상금을 열강에게 지불했다. 이는 전국 국고의 5년간의 수입과 맞먹는 금액이다. 의화단사건은 교회의 비극일 뿐 아니라 중국의 비극이다.

---

47. 1897년 독일은 鉅野교안으로 교주만을 점령, 1898년 독일군은 여러 차례 산동의 교안에 개입, 1899년 영국은 肥城교안으로 배상금, 토지 점유 등.

보복과 용서

선교사는 교안에 대해 대체로 두 가지의 서로 다른 태도를 가진다. 첫째는 극단적인 보복을 주장했다는 것이다. 예를 들면, 의화단사건 후, 8개국 연합군의 침입기간에 적지 않은 선교사들은 적극적으로 연합군에 정보를 제공했고, 가능한 한 빨리 진범을 찾아내려 했으며, 심지어 교인들을 데리고 노략질을 일삼기도 했다. 둘째는 반대로 전혀 보복을 주장하거나 행동하지 않았다. 내지회는 그 중 모범적인 사례이다. 또 일부 선교회는 의화단사건 이후 그들이 마땅히 받아야 할 배상금을 포기하거나 감면하였다.

여기서 우리는 한 사례로 본 장의 결론을 낼 수 있다. 광동렌조우連州는 배외사상이 강했고, 더욱이 백성들은 미국북장로회가 설립한 병원에서 수술 후 병리해부 견본을 발견하고 오해하게 되었다. 갖가지 헛소문이 돌았고, 심각한 충돌이 발생하여 교회당과 병원 등 건물이 파괴됐으며 선교사 5명과 가족이 살해되었다. 이를 '렌조우교안' 이라 한다. 사안이 매우 엄중했던 나머지 미국국무원을 뒤흔들어 놓았고 광조우영사가 철저하게 조사하도록 명령을 내렸다.

교안 중에 살해된 5명 중에는 의사선교사 맥클Dr.Machle의 아내와 딸도 포함되어 있었다. 맥클이 받은 충격은 적지 않았지만 그는 의연히 "나는 내가 다시 축복을 받을 기회가 있으리라 희망한다. 렌조우교회를 다시 건축하겠다. 또 나의 여생을 바쳐 선교사역에 불만을 가지고 파괴하고 약탈했던 200명의 중국인들을 섬기겠다" 고 말했다. 그리고 그는 선교회의 성령사역도 반드시 지속해 나가겠다고 결심했다. 이런 용서와 불굴의 정신은 중국에서의 선교사역이 계속해서 발전하고 전진하도록 만들었던 소중한 자양분이 되었다.

제 7 강

전면적 서구화 하의 기독교(1900~1920)

20세기 들어 중국은 정치 · 사회 · 문화 각 방면에서 거대한 변화를 경험했다. 이 변화는 기독교의 중국 전파와 명운에 매우 중요한 영향을 끼쳤다. 따라서 이 시기의 선교사역과 다양한 발전을 토론하기 전에, 우리는 먼저 중국의 거대한 변화와 교회의 관계를 이해할 필요가 있다. 아래에 20세기 초기의 20년간을 두 단계로 나눌 것이다. 곧 '혁명시기' 와 '신문화운동시기' 로 나누고 5 · 4운동으로 끝맺으면 토론이 편리해진다.

혁명시기 : 기독교도의 적극적인 정치참여

1900년의 '의화단사건' 으로 중국은 치명적인 타격을 입었다. 국가는 거액의 배상금[48]이 필요했던 것 외에도 정부의 무능과 우매함이 모조리 폭로되었다. 8개국 연합국이 베이징을 함락시켰을 때, 만청 정권은 붕괴

48) 50년간 나누어 납부하되 정부의 주요 3종의 세수 중 2종인 염세와 관세가 차압당함.

될 위기에 놓였지만 다행히 국경수비대를 관장하던 대신들의 도움으로 겨우 정권을 유지할 수 있게 되었다. 그러나 망국의 위기는 이미 백일하에 드러났고, 쯔시태후慈禧太后와 만청 대신들은 각자의 살 길을 찾는 것이 급선무임을 잘 알고 있었다. 또 의화단사건이 큰 재난을 야기시킴으로써 조정의 보수파는 책임을 지고 징계를 당하거나 발언권을 잃게 되었다. 따라서 이 시기에 서구화 개혁은 조정 내 모든 이들의 공동목표가 되었다. 1901년, 청 황실은 광서제光緒帝 명의로 변법을 발표하여 정무를 감독하고 집행부서를 설치함으로써 정치체제의 개혁을 단행하였다. 1903년, 위엔스카이에게 북양신군北洋新軍을 관장하게 하고, 각 성에 신육군新陸軍을 창설하도록 했다. 1903년과 1905년, 두 차례에 걸쳐 교육개혁방안을 반포하여 1000년 동안 지속되던 과거제도를 폐지하였고, 각 성은 신식학당으로 개혁하도록 했다. 그 밖에도 각종 정치 · 경제 개혁을 점진적으로 추진하였다.

청 조정의 헌정개혁이 시기적으로 매우 늦었던 이유도 있지만 자원과 각 방면의 여건이 여의치 않아 다수의 개혁안이 실행되지 못했다. 우리는 청조정이 개혁에 어떤 성의도 보이지 않았다고 함부로 말할 수 없다. 일부 실행된 방안은 실제로 획기적인 의미를 가졌고 기독교의 중국 전파도 마찬가지였다. 예를 들면, 과거제도가 폐지된 후 신식학당은 지식과 사회계층 상승을 쟁취하는 중요한 매개체가 되었고, 선교학교는 중국에서 최초로 설립된 신식학당으로써 대단한 환영을 받을 수 있었다. 졸업생들의 진로 역시 매우 넓어졌고, 졸업생 다수가 새로 설치된 양무기구洋務機構의 직원이 되었다.

당시 청 조정이 적극적으로 개혁을 진행했을 뿐만 아니라 민간의 개혁 요구 또한 대단히 높았다. 개혁건의는 주로 두 진영에서 제기했는데, 하나는 캉여우웨이康有爲 등이 주장한 군주입헌제로서 '입헌파'라 칭했고,

다른 하나는 손중산 등 혁명당파가 추진한 혁명운동으로서 '혁명파' 라 칭한다. 그들은 각자 구국론을 주장했고 지지자들도 많았다. 예를 들면, 입헌파는 해외 화교세력 중에 득세하여 혁명파를 압도하고 있었다. 그러나 민간의 청년지식인과 유학생 중에는 혁명사조가 오히려 압도적인 지위를 차지하고 있었고, 많은 청년들은 '부패한 만청 정권을 쓰러뜨리지 않고서는 중국을 구할 수 없다' 는 확고한 신념을 품고 있었다. 1900년에서 1910년까지 혁명운동은 바람처럼 일어났고 봉기도 끊이지 않았다. 마침내 1911년 우창봉기武昌起義가 성공하여 만청 제국을 전복시키고 공화정부를 수립하기에 이르렀다.

주의할 점은 당시 기독교인과 선교학교 학생들이 혁명운동에 적극적으로 헌신하여 크게 공헌했다는 것이다. 유명한 인물은 손중산, 루하오동陸浩東 · 취펑츠區鳳墀 · 윈원카이尹文楷 · 왕롱후이王寵惠 · 정쓰량鄭士良 · 양샹푸楊襄甫 · 천샤오바이陳少白 · 관징량關景良 · 주오토우산左斗山 · 왕즈푸王質甫 · 스젠루史堅如 · 마오원민毛文敏 · 류진조우劉錦州 등으로 홍중회興中會 시절 광조우와 홍콩에서 혁명사업에 공헌했던 인물들이다. 실제로 혁명에 참여했던 기독교인의 숫자는 위에서 열거했던 것보다 훨씬 많았다. 쉬프린Harold Z.Schiffrin의 통계에 따르면, 후이조우惠州 전투만 해도 참전한 기독교인 숫자가 30%정도에 이르고, 다른 지역에서도 이와 유사하였다.

그토록 많은 기독교인이 혁명사업에 참여한 이유는 무엇이었을까? 쉬프린의 해석에 따르면, 그들은 원래 정치적 · 사회적 지위가 낮았기 때문에 혁명을 통해 기존의 기득계층을 뒤엎어야만 신분상승을 이룰 수 있었다는 이유이다. 이런 해석은 가능성이 전혀 없지 않겠지만 필자는 또 다른 이유가 있다고 믿는데, 기독교인이 적극적으로 혁명에 참여하게 된 주된 이유는 선교사의 영향을 받았기 때문이라고 생각한다. 만청 시기, 일부 선교사는 그들 모국의 정치 · 사회적 이상을 중국땅에 이식하고자 변혁을 고취시키고 지원하였다. 그들의 사상은 개인적인 접촉과 선교학교에서의 강의를 통해 중국교인들에게 전수되었다. 다음으로 중국교인과 전도인은 서학을 학습함으로써 정치 · 사회 문제에 대한 관심과 인식을 자각하게 되었고, 혁명사조를 태동시키는 경우도 많이 나타났다. 셋째로 선교학교는 오랫동안 혁명사상의 형성과 선전의 장이 되었다. 20세기에 선교학교는 우선 변발 금지와 복색 개혁을 제창하고, 신사조가 광범하게 전파되는 장소였다. 또 혁명에 뜻을 둔 청년들이 단체를 구성하고 훈련하였으며 원대한 포부를 끓어오르게 하는 터전이었다. 그러므로 기독교인들과 선교학교 학생들의 사상이 일반인보다 진보적이고, 그들이 적극적으로 혁명에 투신하는 것은 매우 자연스런 현상이었다.

혁명에 참여한 동기가 어떠하든 기독교인이 혁명운동에서 보여준 작용은 매우 중요하였다. 교인이란 신분은 중국이 외국과 체결한 선교보호장정에 열거된 피보호범위 내에 포함되었으므로 가령 그들이 중국관리로부터 어떤 불공평한 대우를 받는다면 외국영사의 간섭을 초래할 수 있고, 나아가 외국과의 충돌로 비화될 수 있었으므로 지방관리들이 두려워하였다. 예를 들면, 1895년 광조우봉기가 발발하기 전, 양광총독 탄종린譚鍾麟은 손중산의 거동에 관한 첩보를 입수했지만 손중산이 기독교인이라는 이유로 확실한 증거를 확보하기 전에는 함부로 구속할 수 없었다. 동일한 이유로 교회당도 선교보호장정 안에 포함되어 있었으므로 중국관리들이 마음대로 진입하여 수색하거나 조사할 수 없었다. 이에 혁명당원들은 탄약 같은 위험물품을 보관하는 장소로 이용했다.

일단 혁명이 실패하더라도 혁명 가담자가 기독교인의 신분이면 관청의 체포를 면할 수 있었고, 특히 선교사와 외국영사의 개입으로 대부분 면죄

되었다. 이런 이유로 일부 반기독교인 혁명당원들은 기독교인을 사칭하여 동일한 특권을 얻었는데, 황싱黃興이 그 중 한 사례이다.

모든 기독교인이 중국 법률의 구속으로부터 면제받을 수 있었다는 말은 아니다. 하지만 전통적인 중국의 사법제도는 항상 법률 집행자에게 법률조항외에도 더 큰 권력과 여지를 주었으므로 그들은 체벌이나 연좌, 심증만으로도 마음대로 혐의를 추궁할 수 있었다. 기독교인의 특권은 이런 법률 외적인 권력을 모면할 수 있는 것이었다. 선교사와 외국영사의 감독하에서 중국관리들은 명문법이나 심지어 서양의 형법관념에 따라 처리해야 했으므로 매우 큰 불편을 겪었다. 하지만 기독교인 혁명가들에게는 안전과 편리를 제공할 수 있었다.

신문화운동시기 : 기독교구국

1912년, 신해혁명이 성공한 후 각 성은 연이어 혁명정부를 수립했다. 그리고 남경에 대표를 파견하여 임시약법臨時約法을 체결하고 중화민국을 건국했다. 그리고 손중산은 임시대총통에 취임했다.

혁명당에 참여한 기독교인이 매우 많았던 관계로 자연히 새로 건립된 정부 내에서 정치에 참여한 기독교인의 비율도 적지 않았다. 광동도독부를 예로 들면, 고급 관리로는 민정사장 첸수펀錢樹芬, 교육사장 종룽광鍾榮光, 실업사장 관징선關景_, 위생사장 리수펀李樹芬, 교통사장 룽싱챠오容星橋, 고등심판청장 우지반伍藉磐 등이 모두 기독교인이었다. 통계에 따르면, 1912년 기독교인과 선교학교 졸업생이 광동성 전체 각급 정부관리의 65%를 차지했다. 수적으로는 광동성에 미치지 못했지만 기독교인으로서 난징 정부의 요직에 오른 인물로는 농림총장 천전셴陳振先, 해군부차장 리허李和, 참의원차장 왕정팅王正廷, 정사당참의 린장민林長民, 교통부회계 왕징춘王景春, 외교사장 챠오푸겅曹復賡 등이 있었다. 또 국회의원 가운데도 수 십 명이나 되었다. 당시 기독교인의 비율이 전국 인구의 1/4000에도 미치지 못했던 상황에서 기독교인의 참정 비율은 상당히 주목할 만하다.

그러나 군벌이 정치와 중앙정부권력을 농간하는 틈을 이용하여 위엔스카이袁世凱가 권력을 강탈하였다. 이런 상황에서 기독교인의 정치참여가 정국을 위해 어떤 결정적인 영향력을 발휘하지는 못했지만 정부와 교회 간에는 여전히 양호한 관계를 유지하고 있었다.

신정부의 기독교에 대한 호의는 다음의 두 사건에서 잘 나타나 있다. 첫째, 1912년 4월 13일, 난징의 각 교회가 '위국기도회爲國祈禱會' 를 개최했을 때, 총통과 외교총장은 대회에 구웨이쥔顧維鈞을 대표로 파견했고, 대총통은 '위국기도회' 개최에 환영의 뜻을 나타냈다. 이후 루즈신陸子欣총장의 제안과 대총통의 재청으로 국무원은 전국기독교 각 공회에 축전을 띄워 1913년 4월 27일 '특별위국기도회' 를 축하했다. 당시 베이징에 체류하던 서양 선교사들도 구미 각 교회에 전보를 보내 특별집회를 열고 중화민국을 위해 기도하도록 요구했다.

둘째, 중화민국이 건국된 후, 공자교를 국교로 정할 것을 선동하는 인물들이 있었다. 기독교인들은 청원운동에 서명할 것을 발의했고, 기독교 신자인 사법사장 쉬쳰徐謙이 주도하는 '신교자유회信教自由會' 의 노력으로 1917년 국회는 '국민은 자유롭게 종교를 믿는다' 는 헌법을 유지할 수 있게 되었다.

이 두 사건은 국가적 성격을 가지는 것으로서, 각 성에서 지방 신사들의 기독교를 대하는 태도가 현저히 개선되는 계기가 되었다. 특히 선교사가 추진하는 자선 사업에 크게 도움을 주었다. 신사들은 적극적으로 나병

환자와 맹인, 해방된 여아 노비 등을 교회에서 운영하는 나병병원과 맹인원, 여아고아원으로 보냈고, 적지 않은 정부관리들도 성금을 모아 선교학교와 병원, 남녀청년회의 사업을 지원했다. 좀 특별한 일은 광동의 경찰청장 천징화陳景華가 자신은 기독교인이 아님에도 불구하고 교회가 교도소를 선교하도록 요청했다. 이 사실로 미루어 보아 그는 기독교가 사회교화에 도움이 된다고 생각했던 것 같다.

교회는 명실상부 중화민국 초기에 중앙과 지방을 불문하고 존중을 받고 있었다. 기독교가 당시 국민들에게 환영을 받은 것은 위에서 언급한 정교관계가 양호했던 것 외에도 또 다른 중요한 요소가 있었다. 기독교가 국민들의 눈에 구국을 위한 길로 비춰졌기 때문이다. 이 점에 관해 우리는 신해혁명 이후의 일부 변화로부터 거슬러 올라가야 할 것이다.

앞에서 언급했던 바와 같이, 20세기 초기에 다수의 혁명청년들은 "만청 정권을 전복하지 않으면 중국을 구할 방법이 없다"는 신념을 갖고 있었다. 이 신념은 그들로 하여금 적극적으로 혁명에 헌신하도록 했고, 심지어 이를 위해 모든 것을 희생하게 했다. 하지만 신해혁명이 성공한 후, 중국은 스스로를 구할 방법이 있었는가? 현실은 공교롭게도 그 반대였다. 내정에 있어서, 북양군대의 위엔스카이는 청 황제 푸이溥儀를 협박하여 중화민국 총통자리를 탈취한 후 점차적으로 혁명파의 노력을 제거하고 독재통치를 실시하였다. 1915년, 결국 위엔스카이는 칭제를 복원하려다 실패하고 사망하였다. 위엔스카이 사망 후, 그의 수하였던 북양군의 장성들이 권력 다툼과 지역 쟁탈 전쟁을 벌이는 가운데 10여 년간 군벌의 혼전과 할거를 초래했다. 그 즈음, 손중산이 지도하던 동맹회[49]도 분열하였

---

49) 1912년에 '국민당'으로 개명.

다. 1917년 손중산은 다시 중화혁명당을 조직하여 당내 장악력을 강화하고, 남방의 군벌과 연합하여 광동군정부를 수립함으로써 북양정부와 대치하였다. 이로써 국가는 분열과 내전 상태에 빠지게 되었다. 외교적으로, 일본은 1904년 러 · 일 전쟁에서 러시아에 승리한 이후부터 동방의 신흥 제국주의 국가가 되어 유럽과 미국을 대신하여 중국을 침략하고자 호시탐탐 엿보고 있었다. 1915년, 일본은 중국에 21개 조항 서명을 요구하며 중국을 일본의 속국으로 편입시키려 했고, 위엔스카이는 일본에 거액의 차관을 제공받는 조건으로 이를 승낙했다. 이 일은 수년 후에야 밝혀졌고, 5 · 4운동이 발발하는 원인이 되었다.

내정과 외교 방면에서 위기를 겪는 상황에서, 중국의 지식인들과 청년들은 그 어떤 정치혁명도 국가의 갱생을 가져올 수 없다고 생각하게 되었다. 중국의 가장 시급한 문제는 국민 대다수가 무지하고 깊은 잠에 취해 있어서 국가의 처지를 이해하지 못하고 국민의 책임을 감당할 수 없는 것이라고 생각했다. 대다수 사람들이 각성하지 못하면 어떤 정치혁명의 성과도 소수의 야심 있는 정치인에 의해 탈취될 수밖에 없다고 결론짓게 되었다. 그러므로 당시의 급선무는 정치혁명에 있지 않고, 국민들을 깊은 잠에서 깨어나도록 하는 일에 있다고 생각했다. 나아가 깊은 잠에 빠지게 된 원인이 전통문화가 국민들에게 씌운 질고와 속박에 있다고 보았고, 만약 구습의 전통을 타개하지 못한다면 국민들은 깨어날 가능성이 없다고 믿었다. 그들은 이런 신념을 실천하는 방법의 일환으로 신문화운동을 대대적으로 전개하게 되었다. 정치혁명의 전장에서 한걸음 물러나 더욱 본질적이고 철저한 문화혁명과 사회혁명으로 전환된 것이다. 신문화운동의 주요 진영은 천두시우陳獨秀의 「신청년新青年」[50]과 차이웬페이蔡元培가 장악하고 있던 베이징대학이었다.

신문화운동의 추진세력은 전통문화를 전반적으로 부정하는 태도를 견지하고 있었고, 서양으로부터 각종 사상과 학설을 긴급히 도입하여 구국의 길을 모색하려 했다. 이런 문화조류는 기독교 전파에 매우 유리했다. 먼저 19세기에 기독교가 전통문화와 자주 충돌하며 배척당하던 상황에서 유가와 도교는 중국 복음전파에 가장 큰 장애물로 작용했으나 이런 장애물이 중국인 스스로에 의해 제거되고 있었다. 둘째는 중국인이 자기 문화의 시대성과 유효성에 의문을 가지는 반면, 외래문화에 대한 거부감이 상당부분 감소되었고, 심지어 전통문화를 배제한 후 생긴 공백을 다른 문화로 보충하고자 했다. 따라서 전통문화를 전반적으로 부정한다는 의미는 전반적으로 서구화를 전개하겠다는 의미로 해석할 수 있었다. 또 기독교는 서양종교라는 이유만으로 중국인의 열렬한 환영을 받게 되었다. 19세기 중국에서 기독교가 '서양종교' 로 손가락질 당하며 배척당했다면, 20세기 초기의 기독교는 '서양종교' 라는 이유만으로 환영을 받게 된 것이다.

기독교가 '서양종교' 로서 환영 받았다는 점에는 두 가지 의미가 있다. 첫째, 기독교와 서양문화가 같은 뿌리에서 자라난 것이고, 이는 곧 19세기 선교사들이 가졌던 서양문화가 곧 기독교문화의 관점이었다는 것을 중국인들이 알게 되었기 때문이다. 둘째, 당시 중국인들은 서양문화에 가졌던 기대와 마찬가지로 기독교가 중국에 구국의 길과 방법을 충분히 제시할 수 있을 것으로 갈망하고 있었다는 점이다. 우리는 청년회의 발전과정에서 이 두 가지 의미에 관해 자세히 알 수 있다.

기독교청년회(YMCA)가 19세기 말 중국에 들어온 이후 비약적인 발전을 이루었다. 1895년 설립시기부터 1920년까지, 전국의 31개 주요 도

---

50) 이전의 「청년잡지青年雜誌」

시에 '시회市會'를 세워 총 4만여 명의 회원을 두었고, 그 외 일부 소도시에서도 초보적인 활동을 전개했다. 학교사역 방면에서 보면, 청년회는 규모가 비교적 큰 선교대학과 중학교에 '교회校會'를 조직하였고, 1920년에는 회원 수가 약 2만 명에 이르렀다. 청년회의 사역은 상업 · 기술 방면의 정규과정과 단기과정 개설은 물론이고, 주로 청년들에게 각종 구기종목 스포츠나 수영 등의 활동도 제공했다. 청년회는 서양에서 유행하던 스포츠를 중국에 소개했던 것이다. 대중활동 중에서 가장 영향력 있었던 활동은 단연 '공개강연회'라 할 수 있다. 강연회는 정기적으로 개최되어 매번 국내와 국외의 유명 인사들을 강사로 초청했으며, 서학이나 시사에 관한 주제는 국민들의 열렬한 환영을 받았다. 그리고 국민 계몽과 신지식 전파에 크게 공헌했다.

1910년대에 청년회가 그토록 환영 받았던 원인은 서학을 비롯하여 서양 문화 · 생활 · 사회풍속 등의 방면에 이르기까지 당시 각 계층의 관심을 잘 반영했기 때문이다. 청년회는 신지식 전파와 신식 활동을 통해 기독교를 전파하고 만족할 만한 성과를 거두었다. 통상적으로 각 청년회 모임은 여타의 활동을 마친 후 참가자가 성경공부반에 참석하여 기독교신앙을 학습하도록 권유했다. 1920년 성경공부반에 참가한 숫자는 24,000여 명에 달했고, 그 중 2천여 명이 그 해 1년 안에 교인이 되는 놀라운 결실이 있었다. 기독교와 서양문화가 같은 뿌리에서 자라난 것이고, 따라서 기독교는 '서양종교'로서 중국인들의 환영을 받은 것이다. 이는 앞에서 설명했던 첫 번째 의미이다.

청년회가 당시 엄청난 영향력을 일으켰던 또 다른 원인은 그들이 제기한 '인격구국'의 구호이다. 중국인들이 중국의 전통적 도덕정신이 타락했다고 자각하고 전면적인 혁신을 필요로 했던 시점에, 청년회가 그리스도의 박애와 공의, 평화의 정신으로 애국심을 고취시키고, 사회개혁의 동력을 만들어 추진할 것을 제안했던 것이 다행히 중국인의 필요에 잘 부합되었다. 실제로 중국인은 기독교의 인격구국에 동의했다는 것이 더 정확한 표현일 것이다. 신문화운동의 좌장이자 반기독교인으로서 교회에 많은 불만을 가졌던 지식인 천두시우는 1910년대 말기에 발표한 글에서 국민들이 예수의 인격과 정신을 배울 것을 제안한 적이 있다.

그 밖에도 청년회가 개최한 공개강연회에서 인격구국과 같은 주제가 발표되면 많은 환영을 받았다. 그 중 가장 큰 공감을 일으킨 인물은 북미기독교청년회 동아시아 순회간사 에디 박사George S.Eddy로서, 1915년과 1918년에 중국을 두 차례 방문하여 베이징 · 바오딩保定 · 우창武昌 · 창샤長沙 · 수조우蘇州 · 항조우杭州 · 푸조우福州 · 샤먼廈門 · 광조우 · 홍콩 · 상하이 · 난징 등 대도시에서 전도대회를 개최했다. 많은 지방의 교육부가 모든 학교에 임시방학을 실시하고 학생들을 강연회에 참석시킬 정도로 분위기가 아주 뜨거웠다. 통계에 따르면, 1915년의 1차 청강자가 12만 명을 초과했고, 2차 청강자는 20만 명에 육박했다. 이런 열기가 만들어진 이유는 무엇이었을까? 혹자는 에디 박사의 주요 강연 주제였던 '중국의 결점', '중국의 모든 문제를 해결하는 비결' 등에서 그 해답을 얻었기 때문이라고 생각한다. 20세기의 중국은 정치와 사회 각 방면을 막론하고 위기에 처해 있었고, 전통 가치의 동요가 더하여져 중국인은 새로운 출구를 제시하고 인도해 주기를 극도로 갈망하고 있었다. 또 기독교가 그들이 모색하는 출구 중의 하나가 될 수 있을지 고려되고 있었다. 이것은 앞에서 말한 두 번째 의미이다.

정교관계가 원만하고 중국인이 기독교를 환영하고 있다는 점에서 국가를 구할 수 있는 출구로 비춰졌고 당시 선교사역에 매우 유리한 환경을 제공하게 되었다.

질적 · 양적 성장

기독교와 중국의 관계는 제쳐 두고 선교사업의 발전적 측면만 보면 우리는 매우 낙관적인 그림을 그릴 수 있다.

먼저 선교자원 방면에서, 미국은 19세기 말의 대부흥운동과 학생자원운동을 통해 다수의 선교사를 계속적으로 중국에 파송할 수 있었다.[51] 의화단사건은 개신교의 해외선교 역사상 가장 가혹한 박해였고, 이를 통해 중국은 세계가 주목하는 선교위험지역이 되었다. 하지만 이런 위험은 어떤 고난이라도 감수하겠다고 자청하는 무수히 많은 기독교인들을 끌어들이는 촉매제가 되었고, 가장 고난이 심한 지역에서 복음의 기치를 드높이겠다는 결단을 이끌어냈다.[52] 20세기 초 중국의 선교사 수는 3천 명에도 채 미치지 못했지만 1920년에는 약 7천명에 이르렀다.

중국인의 기독교에 대한 반응 측면에서, 의화단사건이 끝난 후 중국인과 기독교의 충돌은 급속히 감소되었고, 대규모 교안사건 발생은 극히 적었다. 더욱이 중화민국이 건국되면서 종교자유정책을 채택했으므로 선교사역을 어렵게 하는 정치적 장애물은 없었다. 따라서 이 시기는 중국교회 발전의 첫 '황금시기' 라 할 수 있을 것이다. 교인 수도 대폭 성장하여 1900년의 95,943명에서 1920년에는 366,527명[53]으로 약 4배 이상의 급

---

51) 이 시기의 미국은 이미 영국을 능가하는 가장 많은 선교사를 중국에 파송하는 국가가 되었다.

52) 그래서 중국은 20세기에도 세계에서 가장 큰 선교사역지가 되었다.

53) 112,808명이란 기록도 있음.

성장을 이루었다.

당시 각종 선교사역은 비약적으로 발전했다. 직접전도사역에서는 전술한 에디 박사가 중국을 두 차례 방문하여 전국적인 순회전도를 실시한 것 외에도, 에딘버러세계선교회의Edinburgh Missionary Conference의 의장이었던 모트John R.Mott 박사가 1913년에 중국을 방문했고 약 6천 명의 지식인들이 신앙생활을 하겠다고 서명했다. 또 중국에서 사역하던 중국인 딩리메이丁立美목사와 조나단Goforth.Jonathan 선교사 등 일부 뛰어난 순회전도자들도 직접전도에서 상당한 성과를 거두었다. 1909년, 우선 산동광문대학에서 설립된 후, 각 선교대학 내에 설립한 '중화학생입지선교단中華學生立志宣敎團'은 중국청년들이 전도사역에 헌신하도록 하는데 대단한 영향을 미쳤다.

교육사역은 질적 · 양적으로 모두 눈부신 발전이 있었다. 특히 과거제도가 폐지되고 신교육이 수립된 후, 교육선교는 중국의 필요와 완전히 밀착되어 다시는 떨어지지 않게 되었다. 또 서양교육의 선구자인 선교학교는 시설과 커리큘럼에서 대부분 공립학교보다 잘 정비되어 있었고, 특히 영문과목은 타의 추종을 불허할 정도로 우수했다. 이런 연유로 입학생이 대폭 증가했고, 학생들의 사회적 배경과 지위도 크게 향상되어 더 이상 19세기 중엽의 빈민학교가 아니었다. 뿐만 아니라 선교학교는 종전 자선기관의 모습을 탈피하여 학생들이 학비를 납부해야만 교육을 받을 수 있도록 했다. 입학 응시생의 숫자가 모집정원을 훨씬 초과함으로써 학비를 인상할 수 있게 되었고, 이에 학교 경비를 자급자족할 수 있게 되었다. 1920년대에 비교적 규모가 있는 일부 선교학교의 학비 수입은 일반 공립학교의 4~5배 정도로서 가정환경이 양호한 학생들만 입학할 수 있었다. 이렇게 조성된 선교학교는 결국 빈민학교에서 귀족학교로 변모하게 되었다.

교육선교는 귀족화 외에도 질적으로 고등화되는 추세에 있었다. 이는 중국정부가 신식학당을 설립하기 시작한 후부터 서양교육은 더 이상 선교학교의 독점물이 아니었기 때문이다. 선교사들은 선교학교가 공립학교에 비해 수적으로 많이 부족할 수 밖에 없다는 점을 알고 있었다. 중국정부는 비록 가난했지만 국가의 힘은 교육에 있다고 여겼고, 2~3년 만에 50년이 넘는 역사를 가진 선교학교를 수적으로 추월하기에 이르렀다. 선교학교가 경쟁력을 유지하기 위해서는 자원을 집중시키고, 교육의 질을 개선해야만 했다. 다음으로 중국이 적극적으로 서양문화를 흡수하던 시기에, 특히 유학생들이 외국에서 학습한 지식을 갖고 돌아오면서 서양문화는 원래 기독교문화와 차이가 있고, 심지어 18~19세기 서양지식의 주류가 무신론이었다는 것을 중국인들이 발견하게 되었다. 선교사들은 이를 벌써부터 예견하고 있었다. 따라서 선교사들은 기독교가 지식계에서 계속적으로 영향력을 가지려면 전력을 다해 고등교육을 발전시켜야 한다고 주장했다. 그리하여 당시 성위예한聖約翰 · 원화文華 · 진링金陵 · 후이원匯文 · 동우東吳 · 광원廣文 · 링난嶺南 · 화시시에허華西協和 등의 선교대학이 연이어 설립되었고, 1920년에는 총 14개 대학으로 발전했다.

교육선교는 열렬한 환영을 받았고, 사회의 기대 또한 매우 높았다. 따라서 교육사역을 신속하게 확장하게 되면서 그 성장속도가 교회의 실제 수요를 능가하게 되었다. 사실상 교육선교는 이미 선교의 범위를 뛰어넘는 추세였다. 한편 학교를 책임진 선교사들 대부분은 전문화되어 그들 중 다수는 직접적인 선교사역을 더 이상 겸하지 않았다. 앞에서 말한 바와 같이, 교육 전문화는 선교적 측면이 아닌 교육 자체만으로도 충분한 의미를 갖게 되었고, 당시 교육적 의미만으로도 선교를 압도하고 있었다. 학교는 여전히 복음사역에 역점을 두고 있었지만 학교 발전이 전반적인 선교사역 가운데서 조화를 맞추며 진행되어야 한다고 생각하지 않았다. 학생 대부분은 반기독교인 가정 출신이었고, 농민 위주의 기독교 가정에서는 비싼 학비를 부담하기 어려웠다. 학교 커리큘럼도 신학교육에 완전히 맞춰진 것도 아니었으므로 거의 모든 학생들은 졸업 후 선교사역에 종사하지 않았다. 그리고 학교경비는 대부분 자급자족할 수 있었으므로 선교단체나 교회의 보조금을 필요로 하지 않았고, 경비가 부족할 시에는 학교 자체적으로 방안을 마련했다. 이처럼 교육선교는 여전히 선교적 기능을 갖고 있었지만 전체 선교사역과 필연적인 관계를 맺지 않는 하나의 독립된 시스템을 형성했다고 말할 수 있다.

수적인 면에서도 우리는 이런 이탈 현상을 볼 수 있다. 앞에서 언급한 바와 같이 1920년에 중국교회의 교인 수는 약 36만 명에 불과했지만 당시 각급 선교학교의 학생모집 인원 수는 놀랍게도 20만 명을 넘었다. 이런 이탈현상은 단지 가난한 교인들이 교육사업에 필요한 인력과 재정을 부담할 능력이 부족했기 때문이었거나 학생공급 비율이 높지 않았기 때문에 야기되었다고 말할 수는 없다. 학교에서 훈련된 인재 또한 교회의 수요를 훨씬 뛰어 넘었다.

의료사역의 확장은 교육사역에서 볼 수 없는 또 다른 사역이었다. 1920년, 통계에 의하면 전국의 병원은 총 347개소, 진료소 473개소로 각각 대도시와 중요한 선교근거점 내에 분포되어 있었고, 환자를 진료한 횟수가 매년 3백만 회를 넘었다. 의료사역도 교육선교와 마찬가지로 자급자족적 방향으로 전환되어 1910년대 말에는 진료비 수입이나 자체 모금만으로도 30%정도의 병원은 선교단체의 보조금을 받지 않고 운영되었다. 의료사역과 관련된 두 개의 조직을 여기서 언급해 보면, 첫째는 중화기독교박의회中華基督教博醫會로서 1890년에 설립되었다. 출판 간행물을 통해 의료교육지식을 제공하고 다방면의 조사연구 업무에 종사하여 의료사역에 큰 공헌을 하였다. 둘째로 라씨의사羅氏醫社로서 록펠러재단Rockefeller Foundation의 후원으로 설립되었고, 설립목적은 의사와 간호사 등 의료인재를 양성하는 일이었다. 기존의 병원 교육기구를 보조하는 한편, 1919년 베이징협화의학원北京協和醫學院을 개설하였는데, 이 학교는 이후 중국에서 가장 우수한 의학원이 되었다. 의학교육과 부녀교육은 교육선교가 중국에 끼친 양대 공헌이라 할 수 있다.

당시 문서사역도 매우 활발하게 진행되어 출판기관이 매우 많았다. 대표적으로 광학회 · 성교서회聖教書會 · 미화서관美華書館 · 중국주일학협회中國主日學協會 · 기독교청년회조합基督教青年會組合의 편집부 등이 있었다.

자선과 봉사사역은 금주금연 · 조혼금지 · 축첩금지 · 노비매매금지 등 각종 풍속개량운동으로 여기서 더 이상 언급하지 않겠다.

20세기 선교사역의 하나의 중요한 이정표는 중화속행위판회中華續行委辦會(China Continuation Committee)의 성립이다. 기독교의 전국적 연합사역은 19세기 중국선교사들이 최초로 개최한 두 차례의 대회(1877년과 1890년)로 거슬러 올라간다. 또한 1907년에 개신교 중국선교 100주년 기념을 축하하기 위해 상하이에서 '100주년 기념대회China Centenary Missionary Conference'가 개최되었다. 세 차례의 대회는 모두 선교사회의였고 당시 대다수 교회는 선교사들의 통제와 관리하에 있었기 때문에 회의에 출석한 중국 교인은 극히 적었다. 1890년에는 겨우 2명이었고, 1907년에는 5명이었다. 1910년에 국제적인 '세계선교대회The World Missionary'가 에딘버러에서 개최됐는데, 여기서 '각 선교 사역지 국가의 기독교전국조직 구성에 최선을 다해 협력한다'는 조항이 통과되었다. 1913년, 에딘버러세계선교대회의 회장 모트는 중국을 방문하여 순회전도 외에도 기독교전국대회 개최를 추진하였다. 회의는 순조롭게 진행되었고, 회의에 참가한 중국인과 외국인 비율은 1:2로, 모두 120명이었다. '중화기독교속행위판회' 설립을 결의하고, 상하이에 위판회를 두었으며, 중국국적의 청징이誠靜怡목사를 총간사로 임명하였다. 속행위판회의 사역은 연합 촉진과 조사연구 사역으로서, 특히 1914년에 출판하기 시작한 『중화기독교연감中華基督教年鑑』은 매우 중요한 의미를 가진다.

중화속행위판회의 설립은 초교파적으로 협력이 이루어졌음을 상징하는 것이고, 종교연합운동은 방식은 다르지만 영향은 같은 중요한 발전이었다. 19세기에 기독교가 중국에 전해졌을 때, 교파는 같지만 다른 지역에 소속되었던 교회들이 제각기 선교사를 중국에 파송하는 바람에 선교회와 교회의 명칭은 각양각색이었고, 상호 중첩되기도 했다. 장로교를 사례로 들어보면, 미국북장로회 · 미국남장로회 · 캐나다장로회 · 아일랜드장로회 · 영국장로회 · 뉴질랜드장로회 · 컴블랜드장로회 등이 있었다. 중국의 한 도시에 여러 개의 장로회선교회가 사역할 가능성이 있었지만 상호 예속되지 않아 매우 혼란한 지경이었다. 이런 상황을 개선하기 위해 일부 교파는 연합운동을 진행하여 동일 교파의 각 교회는 하나의 중앙조직에 소속시킬 것을 논의했다. 하지만 서로 다른 선교회의 입장에서는 여전히 자신들이 설립한 교회만 책임지려 했다. 이는 행정과 전략적 측면에서 중앙조직을 존중해야만 가능한 일이었다. 1905년, 장로회 각 교회가 연합을 이뤄 '중국기독성교장로회' 中國基督教聖教長老會(Presbyterian Church of China)를 설립하였다. 1912년, 성공회는 '중화성공회' 中華聖公會(Holy Catholic Church of China)를 조직하였고, 1917년에는 루터란회의 대부분 교회가 '중화신의회' 中華信義會(Lutheran Church of China)를 조직하였다.

교인의 사회적 지위 상승

전술한 바와 같이, 초기 중국선교사가 유일하게 접촉할 수 있었던 복음대상은 모두 가난한 대중이었으며, 주로 자선사역을 통해 그들이 하나님을 믿도록 하였다. 이처럼 중국교회를 구성하고 있는 교인은 순수하게 하층계급의 사람들이었다. 기독교가 사회적으로 경시되었던 것도 이와 큰 관계가 있었다.

적잖은 교인이 기독교를 믿은 목적은 선교사역 안에서 호구지책을 마련하는 일이었다. 그들은 선교사의 수하로 고용되어 전도 조수의 직책을 감당했다. 이들은 일반인들의 눈에 경시되었을 뿐만 아니라 선교사역에서의 위치조차도 별볼 일 없었다. 그들이 받은 훈련은 한계가 있었고, 도제형식으로 성경과 신학지식을 받아들인 탓에 단독으로 업무를 감당할 수 없었으므로 영원히 보조역할만 담당할 뿐이었다. 그 중 안수를 받은 사람도 매우 적었다.

선교 조수의 수입은 보잘것없어 생활은 매우 곤궁했다. 복지라고는 자녀가 선교학교에서 학비면제로 교육받는 정도였다. 하지만 19세기 교육선교는 중국사회의 필요성과 부합되지 않아 졸업생 대다수는 선교사역에 헌신하는 것 외에 다른 대안이 거의 없었다. 전통사회와 단절된 집단으로서 습득한 훈련은 인정받지 못했고, 사회적 지위 또한 개선되지 않았다. 하지만 적어도 교회 내에서의 상황은 호전되고 있었다. 2세대 전도인은 중등교육과 정규신학훈련을 받았기 때문에 보통 독립적으로 교회직무나 교육사역을 감당할 수 있었다. 또 다수의 사람이 목회자가 되었으며, 교인들도 그들의 지위를 높게 인정하고 있었다.

심지어 소수의 현지전도인은 그들이 배운 서양지식을 이용하여 사회적인 풍속개혁과 서구화 고취운동에 적극적으로 참여하고 있었다.

청조 말기, 중국은 서구화를 진행하기 위해 다수의 서학인재를 필요로 하고 있었다. 특히 중국어와 외국어에 유창한 인재가 필요했으므로 선교학교 졸업생들은 여러 부분에서 진로가 넓어지고 그 중요도가 높아져 갔다. 청 말기부터 중국정부는 신식학당을 설립하고 있었지만 당시 일반 백성들은 여전히 과거시험에 몰두했을 뿐 서학에 대한 관심은 그리 높지 않았다. 반면 기독교인 자제는 어릴 때부터 선교학교에서 서학훈련을 받았고, 더욱이 부모가 비교적 개화되어 있었으므로 공립학교에 응시하는 학생이 매우 많았다. 그들은 졸업 후에도 정부기관 내에서 나름대로의 직무와 역할을 담당했다. 소수의 상황이긴 하지만 기독교인 자제들은 선교학교를 졸업한 후, 가령 선교사가 육성할 만한 인재라고 판단하면 유학을 보냈고, 훌륭한 서학인재가 되어 귀국했다. 어떤 상황에도 불구하고 우리는 기독교인들이 자신들의 서학지식을 이용하여 사회적으로 갈수록 더 높은 지위를 획득해 가고 있었다는 점을 발견할 수 있을 것이다.

기독교인은 서학지식을 이용해 사회적으로 계층상승을 꾀할 수 있었는데, 이런 현상은 3세대 기독교인 가정에서 더욱 분명하게 나타났다. 이는 절대로 자제들 개개인의 자질이 뛰어나거나 운이 좋아 만들어진 개별적인 상황이 아니라 전체 가족이 모두 해당되는 현상이라는 것을 사례를 통해 볼 수 있다. 왕웬선王元深집안과 관웬창關元昌 집안을 예로 들어 보면, 그들의 1세대나 2세대는 가정형편이 빈궁한 전도인이거나 평교인에 불과했지만 20세기 초의 세대에 이르면 거의 모든 가족구성원이 상당히 중요한 직위를 차지하게 되었다. 엄격히 말하면, 청 정부의 관직에서 그들이 맡았던 관직은 중급의 기술관리 정도로 그다지 높지 않았지만, 그들의 전대前代와 비교해 본다면 사회적 지위는 분명히 상승했다. 유의할 점은 그들 대다수가 서학을 학습하고 의학 · 법률 · 광산업 방면의 지식을 쌓아 청 말기에 지속적으로 설립된 양무사업에 투입된 것이지, 상업에 종사하여 재부를 쌓는 등의 다른 방법을 빌어 사회적 지위를 상승시킨 것이 아니라는 것이다.

이렇게 서양지식을 보유한 사람은 중화민국이 건립된 후, 정치 · 사회 · 경제 각 방면에 진출하여 요직을 차지할 수 있었다. 전술한 바와 같이 중화민국 초기, 기독교인 중 정부관직에 진출한 인물이 많긴 했지만 실제 기독교인의 활동은 사회 각 부분에서 더 분명하게 볼 수 있었다. 그들 중 많은 인물이 서양 의학과 법률을 학습했고, 이 두 영역에서 차지하는 비율이 상당히 높다. 이 외에도, 일부는 백화점업 · 보험 · 은행 · 영화 · 서양 약국 등 서양과 관련된 상업에 적극적으로 진출하였다. 학술기관에서 교직에 몸담았던 인물도 적지 않았다.

중국기독교인들은 서양지식을 이용해서 청말기와 중화민국 초기에 그들의 사회적 지위를 향상시켰다. 이는 20세기 중국사회에서 유행했던 한 중요한 현상이었다.

교인들의 사회적 지위개선으로 국민들의 기독교에 대한 이미지도 크게 개선되었고, 영향력 또한 상대적으로 성장했다. 청년회 등 기독교 조직이 사회와 국가정책에 적극적으로 참여하고 발언했던 것처럼, 기독교인의 발언권도 상당히 중시되었다. 기독교인은 더 이상 사회의 비주류로 머물러 있거나 주류사회와 동떨어진 집단이 아니었다.

하지만 1920년대 이후, 사회는 변하고 발전했으며, 계층은 유동적인 상황으로 복잡해지고 다양해졌다. 선교학교조차도 전적으로 교인 자제만을 양성하고 봉사하려 하지 않았다. 심지어 교육 자체가 선교사역과 분리되어갔다. 따라서 사회는 계층상승방법이 분명히 존재했지만 앞에서 언급한 것처럼 그렇게 두드러지게 나타나지 않았다.

기독교인들은 자신의 사회적 지위를 개선시키고 있었지만 하층계급을 주된 선교대상으로 삼는 선교전략에는 큰 변화가 없었다. 따라서 중국교회의 구성원 중 90%이상은 여전히 가난한 대중이었으므로 자선사역은 여전히 중요한 선교방식이 되었고, 1949년까지 계속해서 이어졌다.

제 8강

반기독교운동(1922~1927)

의화단사건 이후, 1922년 중국에는 또 하나의 엄청난 규모의 전국적인 반교사건이 일어났다. 그것은 바로 반기독교운동이었다.

5 · 4운동의 영향

1910년대, 중국 지식인들은 구국의 길을 모색한다는 목적으로 서양의 각종 사상을 수입하여 학습하고 추진해 보았다. 신문잡지에는 온갖 이론과 주의가 봇물처럼 쏟아져 나왔지만 그 사상들을 추종하는 중국인들을 찾는 것은 어렵지 않았다. 하지만 이와 같이 사상이 다양하게 분화된 상황에도 불구하고 지식층의 분열현상은 그다지 심하게 나타나지 않았다. 지식층의 분열현상이 심하지 않았던 것에는 몇 가지 이유가 있었다. 그 첫째 이유는 대다수의 새로운 주의와 사상이 단순히 소개되는 정도에 머물렀을 뿐 실행단계까지 이르지 못했기 때문이다. 둘째 이유로 당시 지식인들은 문화혁명과 사회혁명이 그 어떤 정치혁명보다 더욱 근본적이고 철저하게 실행되어야 한다고 확신하고 있었다. 심지어 그들은 정치에 간여하지 않기로 상호간에 약속하고, 문화와 사상개조에만 전력을 기울일 뿐이었다. 이로써 상대방을 쉽게 인정하고 수용할 수 있었다. 가장 중요한 셋째 이유로 지식인들은 각자가 추종하는 사상에 관계없이 유사한 틀을 갖고 있었다는 점이다. 바로 '프랑스혁명' 이 고취시킨 이성 · 민주 · 자유 · 박애 · 과학 등의 정신으로서 이 정신을 진정으로 추구해야 할 이상으로 여겼기 때문이었다.

그러나 5 · 4사건이 발발한 후, 모든 지식계 진영은 거대한 변화를 일으키기 시작했다. 그 중에서도 가장 중요한 점은 지식인들이 다시 정치화되기 시작했다는 것이다. 그들은 5 · 4운동 중에 정부의 진압에 의해 체포되고 구금됨으로써 북양정부에 대해 완전히 실망하게 되었다. '안으로 오랑캐를 물리치고, 밖으로 국권을 쟁취하자' 는 구호는 각각 별개로 쟁취할 수 있는 것이 아니었고, 구국을 위해서는 매국노인 북양정부를 전복해야만 했다. 이 외에도 지식인들은 단순히 진리만 외쳐서는 부질없다는 것을 알게 되었다. 진리가 스스로를 지킬 능력이 없다면 강력한 권력을 소유한 군벌과 관료에 의해 무참히 제압될 수 있으므로 진리는 반드시 강력한 군대를 수반하여 전개되어야 한다고 생각했다. 이에 그들은 어쩔 수 없이 문화혁명과 사회혁명의 사명으로부터 물러나 다시 정치혁명의 길로 들어서게 된 것이다.

지식인들이 정치화되어 재차 정치운동에 투신하게 된 후에 발생한 가장 직접적인 영향은 그들간의 분열이었다. 다양한 세력들이 각종 정치조직과 단체를 결성하고 각종의 정치실험을 단행하여 자신들이 신봉하는 이상을 실현시키고자 했다. 결사와 당파 결성은 당시 보편적인 사회현상이 되었고, 그 중 1921년에 결성된 중국공산당은 이후 가장 큰 영향을 주었다. 이 조직들은 정치형세와 구국적인 측면에서 상호간에 이해를 달리하고 있었고, 의견과 실천이 각기 달라 충돌은 불가피하였다. 또 뚜렷한 정책이 필요했던 상황에서 모든 문제가 양극화되거나 적대시되었고, 완충되고 용인될 가능성이 조금도 없었다. 따라서 서로 다른 정견으로 인해 항상 상호 대립하고 경쟁하는 대상이 되어 상대방을 공격하는 등 배척관계가 되었다. 당시 기독교가 철저히 부정된 원인도 여기에 있었다. 1910년대 말, 천두시우는 기독교를 교회의 조직과 예수의 인격정신으로 분리하여 전자는 비판하고 후자만 긍정적인 가치가 있다고 말했다. 하지만 시간이 흐르자 그는 기독교를 전면적으로 비판하는 글을 발표하기 시작했다. 여기서 알아야 할 점은 당시 기독교에 대한 공격은 단순히 학술토론의 차원에서 이뤄진 것이 아니라 반제국주의라는 대전제에 기인한 필수조건이자 전략이었다는 것이다.

지식인들이 정치화된 후의 두 번째 영향은 그들은 행동하기를 원했다는 점이다. 따라서 그들이 절박하게 필요로 했던 것은 더 이상 아름다운 이상이 아니라 구체적으로 실천할 수 있는 행동방안이었다. 모든 사상의 가치를 평가하는 기준 또한 여기에 있었다. 이처럼 1910년대 사람들의 마음을 격동시켰던 수많은 사상들은 당시의 평가기준에 미달되면 폐기될 수밖에 없었다. '자유주의' 는 그 중 한 사례로써 지식인들과 청년들이 전통의 질고를 탈피하려고 했을 때, 매우 중요한 지침이 되었다. 하지만 구국이란 당시의 급선무에 대해서는 교육 외에 그 어떤 구체적인 대안도 내놓지 못했다. 따라서 1920년대, 정치에 참여하지 않은 소수의 지식인들만 여전히 자유주의를 견지하려 했을 뿐, 다른 대부분의 사람들은 그 내용이 진부하고 과장되었으며 시대에 뒤떨어져 도움이 되지 못한다고 여겼다.

자유주의의 운명과 마찬가지로 기독교의 인격구국의 주장은 당시 적합한 실천 방법을 찾지 못해 현실적으로 직면한 문제에 대응할 수 없었다. 이에 기독교는 더 이상 사람들의 관심을 끌거나 언급되지 않았다. 만약 구국이 1920년대에 중국인이 자각한 가장 중요한 임무라면 기독교는 거기서 어떤 임무도 감당하지 못했고, 곧 기독교의 존재적 지위와 가치는 중국인의 의심을 살 수 밖에 없게 되었다.

하지만 1920년대 기독교가 봉착했던 불리한 상황은 단지 중국인의 마음속에서 구국의 기능을 상실했다는 정도에 그치지 않았다. 5 · 4운동은 본질적으로 민족주의 운동의 일환으로써 일본제국주의가 중국 산동의 권익을 침략하여 야기된 일이었다. 서양 열강이 파리강화회의에서 중국의 이권을 함부로 일본에 넘긴 사건은 중국인들에게 씻을 수 없는 수치심과 망국적 위기의식을 갖게 함으로써 민족주의 정서가 고취되기에 이르렀다. 당시 민족주의의 주된 표현은 '국권보호 · 반제국주의' 로서 특히 소련이 중국에 협력하면서 사회주의가 지식인 사이에서 점차 퍼져나갔고, 레닌의 반제국주의 이론도 중국인에게 많은 깨달음을 주었다. 마침내 감정을 이론화하는 출구를 제공하게 된 것이었다. 이처럼 1920년대의 반제국주의는 중국인이 확인한 유일한 자구책이 되었고, 국민당 또는 공산당을 막론하고 모든 정당은 이런 분위기에 편승하여 국민들이 자신들을 지지해줄 것을 호소하였다. 즉, 프롤레타리아 대중은 일본이 중국을 침략하는 일촉즉발의 상황에서 반제국주의에 대한 믿음은 의심할 바가 없었다. 반제국주의 사조의 범람은 중국 선교사역에 심각한 영향을 끼쳤다. 기독교는 제국주의의 중국침략과 관련되어 있었고, 교육선교는 중국의 교육 주권을 침탈한다고 간주되었다. 반기독교운동은 이런 사상적 배경에서 야기된 것이다.

무신론 사상의 전파

앞 장에서 언급한 바와 같이, 20세기에 즈음하여 선교사들은 중국에 신교육을 실행하여 국민들로부터 환영을 받고 있었다. 그러나 그들은 다른 한편으로 세속주의와 회의주의의 출현을 염려하고 있었다. 중화민국이 건국된 후, 많은 유학생들의 귀국하게 되면서 선교사들이 우려했던 일이 현실로 나타나기 시작했다. 1917년 차이웬페이가 쓴「예술교육으로 종교를 대신함以美育代宗教」이란 글만 봐도 지식인들이 '종교' 란 용어를 토론하기 시작했고, 특히 1920~1921년간의 종교문제 논쟁을 통해 무신론사상 전파의 심각성과 파급성을 볼 수 있다.

종교문제 논쟁으로 단기간 내에 '중국학회中國學會' 가 설립되기에 이르렀다. 그들은 1920년에 일련의 종교토론회를 개최하고 중국과 외국의 학자를 두루 초청하여「인간은 종교적 동물인가人是否宗教的動物」·「신구종교는 존재할 가치가 있는가新舊宗教是否還有存在的價值」·「신중국은 종교를 필요로 하는가新中國是否還要宗教」등 문제에 대한 의견을 발표하게 했다. 대다수 학자들은 종교는 역사적 산물로써 이미 존재가치를 상실했고, 그것이 가진 사회기능은 다른 것들로 대체할 수 있다고 생각했다.

이런 토론은 한편으로 중국인들이 구국을 전제로 하여 종교의 존재가치 여부를 검증했음을 반영한다. 중국인들은 당시의 중국에서 종교가 중요한 것인지 또는 유용한 것인지에 대한 관심이 매우 많았다. 다른 한편으로 그들이 종교의 유용성을 심의했던 기준은 사실 모두 서양에서 전파된 무신론사상을 이용한 것으로, 후스胡適의 자유주의 · 리스쩡李石曾의 무정부주의 · 차이웬페이 등의 진화론이 그것들이다. 따라서 20세기 중국인들의 반교사상은 서양에서 모방한 것이었다. 조우츠종周策縱이 말한 것처럼, 반기독교운동 기간에 중국인들은 서양학자의 견해를 상당부분 인용하여 기독교를 반대했고, 또 종교인들도 서양학자의 말을 사용하여 반박했다. 이는 최근 300~400년간 서양사회에서 일어났던 종교논쟁을 재현하는 것처럼 보였다.

반교자들이 제기한 학설은 각기 달랐지만 종합적으로 보면 과학주의Scientism적 특징이 매우 현저했다. 신문화운동 시기에 과학은 광범위하게 수용되고 추앙되었다. 중국인들은 과학적 연구와 성과를 전면적으로 수용했을 뿐만 아니라 심지어 자연과학적 방법과 가치관을 수용하여 사회에 대한 인생관을 새롭게 했다. 자연과 이성에 위배되는 신화나 전설이라면 모두 배척했고, 종교도 예외일 수 없었다. 레벤슨Joseph R.Levenson이 말했던 것처럼, 19세기 중국인들이 기독교를 반대한 것은 기독교가 전통적 중국과 위배되었기 때문이고, 20세기에 중국인들의 기독교 반대는 현대과학과 상충되었기 때문이었다. 반교사상의 전환은 전통문화의 분열을 반영했다.

어쨌든 서양 무신론사상의 수입은 곧바로 기독교와 마찰을 일으키지는 않았지만 일정부분 중국과 기독교의 우호관계를 약화시켰고, 반교운동이 발발하게 되는 사회심리적 기초를 마련하였다.

무신론사상의 보편화는 하나의 사례를 통해 결론을 맺을 수 있다. 한 정부관원이 선교사에게 다음과 같이 말했다.

“기독교인이 되려면 종전에는 반드시 다른 사람에게 우상숭배를 하지 않는다고 말해야 했다. 그러나 오늘날 이런 설명으로 더 이상 기독교인과 반기독교인을 분별할 수 없다. 왜냐하면 많은 반기독교인도 우상을 숭배하지 않기 때문이다.”

반기독교 운동의 경과

반기독교운동은 두 단계로 나눌 수 있다. 제1단계는 1922년이고, 제2단계는 1924년에 시작하여 1927년까지이다.

제1단계1922년 4월 1일, 세계기독교학생동맹World Student Christian

Federation[54]이 베이징의 칭화대학靑華大學에서 제10회연례회를 개최했고, 각 지역분회(즉 기독학생운동, Student Christian Movement)에서 대표를 파견했다.

회의가 시작되기 전인 3월 9일, 상하이의 일부 학생들이 「반기독교학생동맹非基督教學生同盟」이란 이름으로 세계기독교학생동맹에 반대하고, 대학캠퍼스를 빌려 회의를 개최했다. 그들은 기독교가 자본주의 식민정책의 앞잡이이며, 중국인을 노예로 만들고 있다고 비난했다. 일부 학생들이 전국 각 학교에 전보를 보내 지지를 호소하자 각지에서 뜨거운 반응이 일어났다.

3월 11일, 베이징 학생들은 「반종교대동맹反宗教大同盟」을 결성했고, 리스쩡·차이웬페이 등이 지지하였다. 3월 21일, 77명의 학자들은 공동 명의로 선언문과 전보에 연서하고 종교가 인류에 미친 해악과 중국은 원래 무종교 국가임을 지적했다. 기독교가 거의 수 십 년 동안 국민들에게 위해를 가하고 있으므로 그들은 동맹을 조직하여 이에 대항할 것을 선언했다. 4월 9일, 세계기독교학생동맹대회 개막 당일, 베이징대학은 3,000여 명이 참가한 가운데 '비종교강연대회非宗教講演大會' 를 거행했고, 다수 저명 학자들의 연설로 반교정서는 더욱 고취시켰다.

당시 중국 각 대도시 학생과 지식인들은 각처에서 반기독교운동조직을 결성했다. 고증할 수 있는 조직만 23개에 이르지만 상호 연대성은 크지 않다. 5월에 「반기독교동맹」을 결성했으나 그 단체가 전국적인 반기독교운동을 확실하게 지도했다고 설명할 만한 증거도 찾을 수 없다.

반기독교운동이 전개된 후, 베이징대학 교수였던 조우줘런周作人·첸셴통錢玄同·천젠스沈兼士·천스웬沈士遠과 마위차오馬裕藻는 3월 31일 「신앙자유선언信仰自由宣言」을 발표하고 신앙자유의 정신을 다시 한번 천명하며 기독교 공격을 반대했다. 하지만 당시 대부분 학자들은 종교를 반대하고 반기독교운동을 지지하였다. 중국기독교인의 반응은 매우 미약했고, 겨우 광조우의 장이징張亦鏡이 편집인으로 있던 「진광眞光」 잡지가 후일 종교반대와 종교옹호를 주장하는 글을 묶어 「반기독교비판언론모음집批評非基督敎言論彙刊」을 제작하는 정도였다.

반기독교운동에 주로 참여했던 사람들은 5 · 4운동의 세례를 경험했던 지식인과 학생들이었다. 이 운동이 중국공산당의 책동으로 이해하는 사람들도 있지만 이런 관점은 크게 근거가 없는 말이다. 개별적으로 광조우 같은 지역에서 반기독교운동을 지지하고 추진했던 세력이 공산당원이었던 천공보陳公博 · 탄즈당譚植棠 등이 제작한 「군보群報」를 이용했고, 끊임없이 글로써 기독교를 공격했다 하더라도, 당시 결성된 지 채 1년도 되지 않고 겨우 몇 명의 당원으로 구성된 공산당이 광조우 전 지역에서 이 일을 추진할만한 역량을 갖추었다고는 볼 수 없다. 하물며 전국을 대상으로 거사를 추진할 수 있었겠는가? 1920년대의 지식인 중에는 「공산적 사회주의」를 마음에 품고 있었던 사람들이 매우 보편적인 현상이었으므로 이들을 억지로 공산당원에 포함해서는 안 된다. 더욱이 당시 자본주의국가의 중국침략은 온 국민이 모두 주지하고 있던 사실이었던 만큼 공산당원이 허상을 고의로 날조해낼 수는 없었다. 따라서 중국공산당이 1922년 코민테른의 명령에 따라 반제국주의와 반군벌의 양대 임무를 수립했다 하더라도 이 입장만으로 중국공산당이 기독교에 대한 공격을 지도했다고 볼 수는 없다. 아울러 국민당이 반기독교운동을 지원했다는 말도 많다.

4월은 반기독교운동의 정점기였고, 5월이 되자 반교 여론은 점차 잦아들고 있었다. 7월 이후, 미국주중대사 슈만Jacob G.Schurman이 민중은 반기독교운동에 흥미를 잃었다고 말한 바 있다. 제1단계의 반기독교운동은 끝났고, 얼마 후 광조우의 「군보」도 정간되었다.

제1단계 반기독교운동이 끝나자마자 지식층에서 과학과 현학玄學·종교와 인생에 관한 대변론이 있었다. 대변론과 관련된 학자가 매우 많았고 토론 분위기는 매우 격렬했다. 중국사회주의청년단의 기관지였던 「중국청년中國青年」은 지속적으로 기독교를 공격하는 글을 실었다.

제2단계 1924년 전국의 반제국주의 정서가 고양되었고, 국민당(특히 좌익)과 공산당은 계속해서 반제국주의 사상을 고취시켰다. 신문잡지는 엄청난 양의 반제국주의와 관련된 기사를 쏟아냈고, 보수적이었던 「동방잡지東方雜誌」조차도 논지를 바꾸어 격렬히 비판했다. 이렇게 사회주의 사조가 성숙되자 반기독교 운동이 재발하였다. 1924년 8월초, 상하이의 일부 청년들이 「반기독교동맹」을 재차 조직하여 공산당원 탕공셴唐公憲을 주석으로 임명하고, 국민당 원로 우즈후이吳稚暉는 헌장을 기초하였다. 그들은 대회를 열어 기독교의 침략성을 공격하는 한편, 전국으로 전보를 띄워 각계의 지지를 호소하였다. 1925년 초, 난징·챵샤·광조우·수조우·지우쟝九江·샤오싱紹興·타이웬太原·닝보·칭다오 등 전국에서 계속적으로 비슷한 조직이 결성되었다.

이 단계의 반기독교 운동은 국민당과 공산당의 적극적인 지지를 받았다. 중앙 감찰위원 우즈후이는 8월에 상하이에서 개최된 반기독교 동맹집회에서 기독교는 제국주의의 앞잡이라고 공개적으로 비난하였다. 국민당과 공산당의 주류세력은 남방에서 반제국주의 전략을 제정했다. 따라서 상하이 이외에 광조우에서 반기독교운동이 가장 활발하였고 실행 측면에서는 상하이보다 급진적이었다. 국민당의 당보인 「국민일보國民日報」의 부록판 「각오覺悟」는 매주 「반기독교특간非基督教特刊」을 25회에 걸쳐 발간했다. 중국공산당의 기관잡지 「향도嚮導」와 사회주의청년단의 「중국청년」 등은 엄청난 양의 원고를 통해 기독교를 맹렬히 공격하였다. 이 외에도, 양당의 외곽 청년조직들도 문서와 청원, 전보와 집회를 통해 반기독교운동에 참여하였고 그 위세가 실로 대단했다.

운동 초기에는 기본적으로 자발적 학생운동으로 인식되었으나 정당이 학생조직을 통제하기 시작하면서 급속히 반기독교운동의 성질은 급변되어 정당들이 자신들의 정책을 추진하는 수단으로 바뀌게 되었다. 특히 사회주의청년단은 기독교청년회를 청년 확보의 최대 경쟁자로 인식하고 더 적극적으로 반기독교운동을 추진했으며, 청년회를 공격하는 사업도 담당했다. 이 단체는 1922년 제1차 전국 대표대회에서 반기독교 운동을 자신들의 사업 목표의 하나라고 밝히고, 단원들이 최선을 다해 운동의 주도권을 장악하도록 요구했다. 하지만 제1차 단계의 반기독교 운동이 너무 일찍 종료되어 그들은 목표를 달성할 수 없게 되었다. 1925년, 이 단체는 제3차 전국 대표대회를 개최하여 「기독교반대결의안反對基督教決議案」을 통과시키고, 재차 반기독교동맹을 전국 각지로 발전시키기로 하고 앞서 모든 기독교인과 교회, 교회학교와 기독교청년회의 죄상을 폭로했다.

정당의 획책과 추진으로 제2단계의 반기독교운동은 상당한 진척을 보이며 대규모로 추진되었다. 광조우 동맹지부는 1924년 12월 22일~27일까지의 성탄절 기간을 「반기독교주간非基督教週」으로 확정하고, 군중을 동원하여 가두시위를 전개하며 전단지 살포 · 조별 강연을 펼쳤으며, 교회당으로 몰려가 강대상을 점거하고 강제로 청중들에게 교회당을 떠나도록 했다.

1925년 5월 30일, 전국을 들끓게 했던 5 · 30참안이 발생했고 국민들은 제국주의에 강력하게 저항하였다. 각계에서 연속적으로 파업과 파시, 수업거부의 방식으로 저항했고, 조차지 회수와 영사재판권 취소를 요구했다. 배외정서가 격렬해지자 다수의 선교사(특히 영국적의 선교사)는 중국을 떠나게 되었다. 억지로 남았더라도 큰 어려움에 봉착하기 일쑤였다. 일군을 고용할 수 없었고, 식품공급도 어려웠으며, 공개집회는 방해를 받았다. 반기독교운동도 폭력적으로 바뀌었고, 어떤 지역의 기독교인들이 사람들에게 감금되어 있다는 보도가 뒤따랐으며, 「漢奸—洋人走狗(매국노—서양인의 개)」라는 표지를 목에 걸고 거리를 다니게 했다. 심지어 교인이 살해당하는 사건도 발생했다.

1925년 7월 7일, 전국학생연합회 제7차 회의에서 학생연합회는 반기독교운동을 수용하기로 결의했고, 전국적으로 「반기독교주간」을 제정하고 군중에게 기독교의 해악을 선전하기 시작했다. 그 해, 성탄절의 반기독교주간에는 각지에서 교회당을 강제 점거하거나 전도인이 구타를 당하는 사건이 빈발했다.

1925년~1926년, 각지의 선교학교에서는 일련의 학생운동이 발생했다. 학생운동 발생은 세 가지 원인 때문이었다. 첫째, 국민당과 공산당의 양당이 학생운동을 배후 조종하여 선교학교에서 문제를 야기시키도록 획책했다. 특히 사회주의청년단은 일찍이 1922년에 문제를 제기하고 선교학교 내에 '평등대우운동'을 추진하고자 했다. 「중국청년」은 여러 편의 글을 통해 학생들이 시위를 일으키고 학교를 개조할 것을 공개적으로 촉구했다. 그 밖의 일부 외곽조직은 학교 내로 들어가 학생들이 학교 당국에 저항하도록 선동하였다. 또 반기독교 운동 주간에는 선전대를 조직하고 선교학교에 무단으로 진입하여 반제국주의 선전을 시도했다. 둘째, 반제국주의 사조의 범람과 교육선교를 향한 반기독교 운동의 비난은 선교학교 학생들에게 많은 영향을 주었다. 그들 중 많은 학생들이 학교측의 설립 의도와 진심을 의심하기 시작했고, 수 차례의 학생운동 경험을 통해 학생들은 과격해져 가고 있었다. 불평이 생기면 걸핏하면 수업 거부와 시험 거부, 퇴

학으로 위협하곤 했다. 평소 교풍이 엄격한 선교학교는 학생들의 과격한 태도와 불경한 행위를 용인하기 어려워지자 종종 강력한 제제를 가하게 되면서 충돌이 불가피해졌다. 셋째, 학생운동이 발발하게 된 도화선은 통상 학교측이 반제국주의 공개집회에 학생들을 참가하지 못하도록 했기 때문이었다. 학교측이 집회 참가를 용인하지 않았던 이유는 여러 가지였지만 중국인들의 눈에는 오직 한 가지 이유뿐이었다. 외국인이 설립한 학교로서, 선교사는 당연히 자신들과 자신들의 모국을 반대하는 학생운동을 환영할 수 없을 것이라는 이유였다. 이런 식으로 선교학교는 노예화 교육을 실시하고 중국 청년들의 애국사상을 억압한다는 죄상이 백일하에 드러나는 것처럼 보였다.

약 60여 차례에 걸친 선교학교의 학생운동이 전국 각지에서 산발적으로 발생했다. 학생들은 단체로 수업을 거부하거나 자퇴하였고, 사회인사들의 대대적인 지원으로 새로운 학교가 설립되었다.[55] 일부 선교회는 심각한 사태를 피하기 위해 아예 학교를 폐쇄했고, 심지어 이를 이유로 지방정부가 학교 재산권을 몰수하기도 했다.[56] 학생 수도 대폭 감소했다. 단순히 중학만 예로 들면, 1922년 선교중학의 학생 수는 11,000명이었으나 1927년에는 5,500명으로 감소했다.

제2단계의 반기독교운동은 전국으로 확산되어 선교사업에 심각한 타격을 입혔다. 특히 국민정부가 관할하는 지역에서 정부당국이 이 운동을 지원하고, 반교자들이 교회를 유린하도록 종용함으로써 그 영향력이 더욱 커지게 되었다. 1926년, 국민정부의 북벌시북벌군대가 지나간 도처에서 교회당과 병원, 학교가 강제 점거되는 사건이 발생하자 각 지역의 선교사

---

55) 당시 진단대학(카톡릭)에서 복단대학이 독립 신설됨.
56) 산토우화영중화汕頭華英中學

는 영사나 선교회의 지시로 중국을 떠나기에 이르렀다. 이로써 선교사역은 1926년부터 1927년까지 정체되거나 위축되었다. 특히 산간 오지의 교회당은 어쩔 수 없이 문을 닫았고, 교인들은 교회를 떠나기에 이르렀다. 반대로 군벌이 통치하던 북방은 북벌군에 의해 점령되기 전까지 정부가 반기독교운동을 규제했던 덕분에 그 충격이 비교적 적었다.

당시 중국 선교사의 수가 크게 감소했다. 1922년은 본래 중국 선교사가 가장 많았던 해로서 약 8,300명에 달했다. 하지만 1928년에 3,150명으로 급감했다. 광동의 상황은 더욱 심각하여 1923년 816명이었으나 1928년에는 겨우 262명만 남아 60%가 감소했다. 선교사가 중국에 잔류하더라도 대부분 안전 문제로 인해 내륙에서 연안의 대도시로 이동하였으므로 반기독교 운동이 내지의 복음 사역에 미친 영향은 엄청났다.

교육권 회수 운동

반기독교 운동의 주표적은 교육 선교였다. 1920년대에 많은 단체들이 선교학교의 교육권을 회수할 것을 제기하였다. 그 단체들은 각기 다른 정치적 · 교육적 관점을 가졌고 교육선교에 대한 공격 목표 또한 차이가 있었다. 하지만 공격의 주된 원인은 대체로 세 가지 측면이었다.

첫째, 종교교육에 반대하였다. 당초에 선교학교의 설립목적은 선교와 현지전도인을 훈련하기 위해서였다. 그 후, '교육'이라는 근본 목적이 점차 사람들의 주목을 받고 선교목적을 무색하게 할 정도까지 발전하여 교육과 선교사역이 분리되는 상황이 초래되었다. 하지만 복음 전도의 목표는 교육 하나만으로 충족시킬 수 없었다. 이는 선교학교의 기독교적인 신분을 보증하는 근간이었기 때문이다. 1910년 세계선교대회가 자유주의 신학사상이 만연하던 환경에서 개최되었지만 회의에 참석한 중국 대표는 여전히 교육과 선교를 선교학교의 이중 목표로 여기고 있었다.

선교학교는 종교과목을 매우 중시했다. 학생들은 종교과목을 필히 이수해야 했고 정해진 합격 점수를 받아야 진급할 수 있었다. 또 다양한 종교활동이 배정되어 있었다. 모든 학생은 매일 아침 집회에 반드시 참가해야 했고, 오후에는 기도회와 학생청년회의 활동으로 일정이 채워져 있었다. 그 밖에도 기숙학교 학생들은 일요일이 되면 반드시 주일학교와 주일예배에 참가해야 했다. 학교는 종교 과목과 종교 활동을 통해 학생들이 기독교로 개종하기를 희망하였다.

하지만 중화민국 건국 이후 선교학교의 종교교육으로 인해 교육사역자들이 점차 비난 받기 시작했다. 처음 종교교육 반대를 주장한 인물은 차이웬페이로 1912년에 발표한 「교육방침에 관한 의견」이란 글에서 종교와 교육은 병립할 수 없다고 주장했다. 1922년, 그는 종교는 사람의 인격형성에 유해하므로 학교는 교리를 선전하는 과목을 배정해서는 안 되고, 종교의식을 진행해서도 안 되며, 선교사는 교육사업에 간여하지 말 것을 공식적으로 제기했다.

동년 7월, 후스와 딩원장丁文江, 타오멍허陶孟和 등은 지난濟南에서 개최된 중화교육개진사中華教育改進社 제1회 연례회의에서 "모든 초등학교(유치원 포함)는 종교교육(이론과 의식 포함)을 배정하지 말자는 안건"을 제기했다. 그들은 심적 의지가 미성숙한 아동에게 선교하는 것은 죄악이라고 생각했다.

차이웬페이 등은 오직 교육 자체만 목적이 되어야 하고, 다른 의도된 목적의 수단이 되어서는 안 된다고 인식하였다. 또 교육 목표는 학생의 인격과 개성을 발전시키기 위한 것으로서 특정 종교나 주의主義를 주입하여 교육에 굴레를 씌워서는 안 된다고 생각했다. 이는 사실 1910년대에 중국에서 유행하기 시작한 자유주의와 민주주의 교육사상이었다. 이런 교육적 마인드를 가진 인물들이 교육 선교를 공격하는 표적이 바로 종교교육 반대였다.

둘째, 민족정서의 파괴를 지적했다. 1920년대 자유주의와 민주주의는 점차 국수주의적 교육사상으로 바뀌어 갔다. 국수주의자들은 국가를 위해 교육이 사용되어야 하고, 교육목적은 학생들의 애국 정신을 배양시켜 국가를 지키고 외국의 침략에 저항하는 것이어야 한다고 생각했다. 이런 교육기준에 근거하여 평가하면 교육선교는 자연히 청년들을 노예화시키고 국민성을 파괴하는 수단이라는 비난을 받을 수 밖에 없었다. 이런 견해를 처음 주장한 인물은 광동성교육위원회 위원장 왕징웨이汪精衛였다. 1922년 그가 「국민교육의 위기」란 글에서 이 견해를 거론한 이후부터 소년중국학회와 중국공산당은 물론 1923년에 결집한 국수주의자 천치텐陳啓天 · 주오순성左舜生 · 위자쥐余家菊에 이르기까지 유사한 주장을 내놓았다.

선교학교가 외국에 대한 사대주의 사상을 주입하고, 학교에서 학생들의 정치 활동을 제한함으로써 중국인을 우둔한 노예근성을 가진 민족으로 타락시켜 외국인에 의해 통제 받도록 했다고 국수주의자들은 지적했다. 다른 한편으로 진학과 취업, 외국유학을 빌미로 학생들을 회유하여 서양인들을 위해 기꺼이 봉사하게 한다고 생각했다. 이런 지적은 종종 시시비비를 가리기 어렵다. 하지만 여기서 알 수 있는 것은 선교학교에 대한 민족주의자들의 공격이 이미 더 이상 과목내용이 중국문화와 상호 융합하지 못한다는 차원에 있지 않고 외국인이 설립한 학교라는 이유만으로 비난받고 있다는 점이다. 선교학교가 학생들을 노예화한다는 지적은 학교가 학생들로 하여금 중국에 관심을 갖지 못하도록 한다는 의미가 아니라 학생들이 반제국주의 운동에 참여하는 것을 제한한다는 데에 있었다. 앞에서 말한 바와 같이, 1920년대 민족주의는 거의 반제국주의 개념으로 전환되었고, 선교학교가 반제국주의운동에 학생들이 참여할 수 없도록 규제한 것은 학생들의 애국운동을 철저히 금지하는 것으로 인식되었다.

셋째, 교육주권을 견지했다. 국수주의자들은 교육은 필히 국가를 위해 봉사해야 하는 것, 즉 교육은 국가가 마땅히 독점해야 하는 주권으로 인식하고 있었다. 국가가 마땅히 국민교육에 대한 전반적인 계획을 수립하고, 모든 권한을 갖고 교육의 목적과 방침을 규정해야 한다. 또 학제와 각급 교육사업을 제정하며 불법적 사립학교를 감찰하고 관리해야 한다고 여겼다. 이런 주장은 그 초점이 교육선교에 맞춰져 있었다.

선교학교가 설립되던 초기에 중국에는 근본적으로 동류의 서양식 학교가 존재하지 않았으므로 국가적 교육시스템과 학제를 논할 필요가 없었다. 따라서 각 선교회는 모국의 학제에 따라 중국에서 교육사업을 발전시켜왔고 중국정부의 승인이나 감독을 받지 않았다. 20세기에 이르러 만청 정부는 학부學部를 설치하여 자신들의 교육시스템을 수립하기 시작했다. 하지만 1906년 학부가 발급한 공문서에는 문제가 확대되는 것을 회피하기 위해 여전히 방임적인 정책을 채택하고 있었다. 그래서 외국인이 중국에 설립한 학교는 반드시 등록할 필요가 없었다. 1912년 중화민국이 건국된 후에도 교육부는 사립학교 설립 요건으로 설립 신청 후 비준을 받아야 한다는 법규를 제정했지만 강제적으로 집행하지 않았고, 선교학교도 이 법을 수용하지 않았다.

반대로 중국의 선교학교 특히 선교대학은 선교회가 소속된 모국에 학교를 등록했다. 예를 들면, 링난대학嶺南大學이 1893년에 설립되기 전, 먼저 뉴욕주에 등록하여 1917년에 정식으로 대학으로 승격되었을 당시에도 뉴욕대학평의회에 비준을 신청하여 학위를 주었다. 이렇게 하는 목적은 학교가 국제적으로 인정받아 장래 중국학생들이 유학을 갈 때, 편리를 도모하기 위해서였다. 하지만 문제는 선교학교의 학교이사회가 외국에 있고, 교장도 외국인, 학제도 외국학제, 심지어 학교조차도 외국에 등록되었다는 점이다. 그렇다면 선교학교는 외국인이 중국에 설립한 학교가 아니라 상식적으로 따져보면 중국에 소재하는 외국학교일 따름이었다.

등록문제는 중국인을 자극하는 큰 원인이 아니었다. 하지만 선교중학과 소학의 숫자가 과도하게 많고 그들만의 자체적인 시스템을 갖고 있다는 점에 대해서는 못마땅하게 생각하고 있었다. 각 선교회는 중국에 많은 학교를 설립했고, 19세기 말부터 자금 절약과 진학 · 전학을 원활하게 하기 위해 학교들을 체계화하는 과정에 있었다. 체계화의 정점기는 1921년으로 북미국외선교회의고문연구위원회Committee of Reference and Counsel of the Foreign Missions Conference가 중국 기독교교육 위원회의 요청으로 대규모 교육 조사단을 파견하여 중국의 교육 선교사업을 전면적으로 검토했다. 최종적으로 이 조사단은 보고서를 통해 전국 각급의 선교학교를 통일시켜 일관된 교육 체계를 수립할 것을 건의했다. 또 전국적인 학교 분포 계획을 세워 독립적인 교육 행정 기구에 의해 모든 선교학교를 지휘 · 관리할 것을 건의했다. 이 계획은 대단히 거창하고 이상도 매우 원대했다. 그러나 한 주권국가 내에 교육부와 별개의 독립된 전국적 시스템을 갖춘다는 것은 그 국가의 교육적 완전성을 침해하고 교육주권을 침범할 수밖에 없다. 이는 민족주의가 한창 고양되어 있던 1920년대의 중국인들에게 대한 도전으로서, 더욱이 이 보고서는 1922년 중반에 완성된 것이었다.

이상에서 우리는 다양한 단체가 선교학교의 교육권 회수를 요구하는 각종 원인을 살펴보았다. 사실 1920년대에 교육권 회수와 종교교육 반대는 교육계의 공식이었다. 중화교육개진사中華教育改進社와 전국교육연합회는 정부에 부단한 압력을 행사하며 선교학교를 전면적으로 금지시킬 것을 요구했다. 마침내 국민당은 1926년 1월에 개최한 제2차 전국대표대회에서 '국민정부의 세력범위 내에서 적극적으로 교육권을 회수한다'는 결정을 통과시켰다.

1927년 국민정부는 수도를 난징으로 확정하고 '대학원' 을 설립하여 종교와 종교교육 반대의 거두였던 차이웬페이를 대학원 원장으로 임명했다. 이후 계속해서 각종 사립학교 조례를 제정하여 학교는 필히 정부에 등록해야 하며 반드시 중국인을 교장으로 임명하도록 규정했다. 또 이사회 구성원 중에 중국인의 숫자가 과반수를 넘어야 하고, 외국인은 이사회의 이사장이 될 수 없었다. 종교과목은 필수과목이 될 수 없고, 학생들을 강압적으로 종교행사에 참가시켜서는 안 된다고 규정했다.

그리고 각종 세칙을 덧붙였는데, 1929년 제2회 전국교육회의에서 비중국인이 설립한 소학을 금지한다는 결의안을 통과시키고 소학은 반드시 중국인이 설립하고 관리해야 한다고 규정했다. 8월에 교육부는 다시 규정을 만들어 학교이사회의 외국인 구성원을 1/3이하로 줄이고, 소학 내의 모든 종교 활동을 완전히 금지시켰다. 그리고 얼마 후 푸젠성 교육청장이 중학교에서 종교 선택과목 개설을 금지시켰다. 그 이유는 정부의 교과내용 편제에 따른 것으로 중학교는 선택과목이 없어지게 되었고, 이를 난징의 교육부가 인정해 주었다. 바꿔 말하면, 소학교에서 중학교까지의 9년 동안 종교교육을 실시할 수 없게 된 것이었다.

교육선교를 통제하려는 법령과 조치로 선교사들은 중국에 세워졌던 교육의 황금시기가 이미 지나갔다고 인식하게 되었다. 역사가 길고 규모가 컸던 대부분의 대학교와 중학교는 등록과정을 거쳐 지속적으로 운영되었지만 선교학교에서 기독교학교로 전환되었다. 그러나 새로운 발전도 있었다. 예를 들면, 1931년에 교육부에 등록한 기독교대학은 총 13개 대학이었다.[57] 이 숫자는 1949년까지 계속해서 감소되었을 뿐 증가하지 않았다. 소학은 종교과목의 설치와 활동이 완전히 불가능해진 관계로 일부 선교회는 아예 학교를 폐쇄함으로써 학교 숫자가 급격히 줄어들었다. 선교사들은 이렇게 복음을 전할 수 없는 사역에 재정을 투입하여 자원을 분산시키느니 차라리 자원을 집중하여 중등이상의 학교를 설립하는 것이 유리하다고 생각하게 되었다.

반기독교 운동 결산

1927년, 장중정蔣中正은 청당淸黨을 전개하여 공산당원과 급진파를 소탕하고 각지에서 대대적으로 사회주의 운동을 압박하였다. 공산당원은 도시에서 무장 충돌을 책동하다 실패하고 산간지역으로 도주하게 되었으며, 노동자와 학생들 사이에서의 활동도 지하로 내려가 진행할 수밖에 없게 되었다. 이렇게 정치형세가 역전된 상황에서 정당에 의해 추진되던 반교운동도 점차 사라지게 되었다. 각 지역에서아직 산발적인 반교사건이 있었지만 몇 년 사이에 모두 금지되었다. 몇 년간 지속되며 파괴적이었던 반기독교 운동이 정치적 압박으로 종지부를 찍게 된 것이다.

그 후, 송메이링宋美齡의 인도로 장중정은 기독교로 개종하게 되었다. 이는 중국 기독교 발전에 아주 큰 이점으로 작용했다. 국민정부의 통치 아

57. 진링金陵 · 후장滬江 · 옌징燕京 · 동잉東英 · 링난嶺南 · 푸런輔仁 · 지루齊魯 · 우창화중武昌華中 · 시에허의학協和醫學 · 진링여자金陵女子 · 푸젠시에허福建協和 · 산장문리三江文理 · 샹야의학湘雅醫學

래 중국은 더 이상 대규모적인 반교의 풍파를 겪지 않게 되었고 정교관계도 원만해졌다. 또 기독교 청년회 등도 적극적으로 중국사회건설에 참여하게 되었다. 외관상으로나마 모든 장애물들이 제거되었고, 반기독교운동은 역사에서 자취를 감추었다.

하지만 20세기에 일어난 거대한 반기독교 사건이었던 반기독교운동의 영향력은 매우 컸다. 먼저 대규모의 군중 운동이었다는 점이다. 두 차례의 반기독교운동은 국민들의 열렬한 지지를 받아 참가자 숫자도 엄청났다. 제1단계를 예로 들면, 상하이 학생들이 3월 9일에 소식을 타전한 후, 각지에서 매우 신속하게 호응했고, 4월 21일 베이징에서 개최된 대회에 3천여 명이 참가했다. 그 이면에는 군중의 공감대가 이미 형성되어 있었기 때문으로 볼 수 있다.

둘째, 반기독교운동은 대부분 지식인의 공통된 입장이었다. 반기독교운동이 일어날 즈음, 과학과 인생 · 종교문제 등의 토론이 있었고 토론에 참여한 인물도 대단히 많았다. 당시 유명했던 학자들은 거의 포함되어 있었다. 후스 · 천두시우 · 장쥔리張君勱 · 딩원장 · 량치챠오梁啓超 · 주징농朱經農 · 장동순 · 우즈후이 · 차이웬페이 등이 모두 참여했다. 그 중 종교를 옹호하는 가치관을 가진 인물은 소수에 불과했고 기독교에 긍정적인 사람은 거의 없었다. 이 사람들이 추종하는 학설과 주의는 모두 달랐다. 자유주의 · 무정부주의 · 인문주의 · 실용주의 · 공리주의 · 마르크스주의 등이었다. 하지만 서로 다른 정견과 학설을 가진 지식인들이 마치 약속이나 한 듯이 모두 기독교를 공격하였다. 우리는 이 사실을 감추려 하지 말고 똑바로 직시해야 할 것이다.

또 반기독교운동은 일정 기간 외에는 대체로 폭력적 방법을 사용하지 않고 이성적이고 학술적인 토론과 글로 논쟁하거나 순회연설의 형태로 전달하였다. 이로써 그 영향력은 쉽게 전달되었다. 1930~1940년대 많은 작가들의 작품 속에서 반기독교 운동의 경향을 쉽게 찾아볼 수 있는데, 반기독교 운동은 기독교에 대한 비판으로서 상당히 효과적이었고 흡입력이 있었다는 것을 오늘날에도 알 수 있다. 교회가 만약 정면으로 대응하지 않았다면 공세가 계속될 수밖에 없었고 청산할 수 없는 과거가 되었을 것이다.

우리는 다음 강의에서 반기독교운동이 제기했던 비판에 대해 1930년대에 기독교인들이 반응한여러 가지 노력들을 볼 수 있을 것이다.

제 9 강

반응과 토착화 탐구(1927~1937)

중국인은 반기독교운동 기간에 기독교를 겨냥하여 맹렬한 공격을 가했다. 이 공격은 다방면에서 전개되었고 정리해 보면 아래와 같다.

1. 모든 종교(유교와 불교 포함)에 대한 비평

1) 종교는 미신으로서 반과학 · 반이성 · 반지식적이다.
2) 종교는 사람들을 현세에서 도피하게 만들고 내세만 중요하게 여기도록 만듦으로써 인민의 아편이 되었다. 인민이 현실에 적극적으로 직면하고 변화시키려는 능력을 약화시킨다. 이는 항상 통치자가 인민을 마취시키는 도구로 사용되었다.
3) 종교는 현대사회에서 존재 효용성이 없는 과거의 산물일 뿐이다.
4) 종교는 지나치게 배타적이어서 국민들의 생각을 우둔하게 만든다. 국민들이 신지식을 수용하지 못하도록 막아 진보할 수 없게 한다.

2. 기독교에 대한 비평

기독교는 제국주의가 중국을 침략하는 수단이었다. 이 논리는 공산당이론에 근거한 것이지만 당시 민족주의의 내용이 반제국주의적인 경향을 띠었으므로 공산당원만 이런 견해를 가졌다고는 할 수 없다. 이 견해는 아래의 네 가지 원인이 있다.

1) 중국은 제국주의의 압박에 직면해 있다. 일본 이외에 중국을 압박하는 제국주의 국가는 모두 기독교를 중국에 전파하려고 한 국가이다.
2) 역사를 보면 기독교는 제국주의와 함께 중국에 들어왔다. 1920년대 선교사역은 불평등조약의 보호 하에서 진행되었다.
3) 재중국 선교단체는 상당수의 학교와 병원 및 다양한 자선사업으로 수많은 중국인을 끌어들였다. 그들이 제국주의의 앞잡이가 아니더라도 이를 통해 친영親英 · 친미親美사상을 품게 할 수 있었고, 적어도 국가정신을 약화시킬 수 있었다.
4) 모든 종교가 배타적이지만 기독교의 배타성은 특히 심각했다. 천주교와 개신교의 교세가 물과 기름의 관계였을 뿐만 아니라 서로 다른 교파간에도 상호 공격했다. 이는 중국인의 단결에 장애물이 되었고, 함께 국가의 출구를 탐색하는 일에도 무익했을 뿐만 아니라 도리어 해가 되었다.

이런 지적은 중국사회에 극도의 동요와 반향을 일으켰다. 그것들은 순수한 학문적 이치의 문제가 아니라 인과응보였고, 역사에서 그 근원의 실마리를 찾아내야 했으므로 답변하는 것도 쉽지 않았다. 기독교인들은 1920년대 말에서 1930년대까지 이런 공격과 도전에 대해 그저 행동으로 답변하고자 노력했다.

반응과 방향

기독교인들은 국민들의 도전에 대체 어떻게 반응했을까? 그들은 어떤 방향을 선택했을까? 이런 방향은 또 어떤 지적에 답하려 한 것인가? 이런 문제에 답하려면 1926년 「중화기독교회연감China Christian Year Book」에서 편집자가 쓴 「기독교인의 행동특징 Characteristic of Christian Movement」이란 글을 인용하는 것이 가장 좋다. 이 글에서 중국인의 기독교에 대한 도전은 기독교인들이 자성해야 할 두 가지 문제점을 갖고 있다. 첫째는 「기독교는 무엇인가?」, 둘째는 「기독교는 중국인의 생활에서 어떤 의무와 기능을 차지하고 있는가?」이다. 이 두 가지 문제점은 바로 기독교인들이 노력해야 할 방향을 모두 포함하고 있었다.

당시 중국에서 기독교는 미신이고, 반과학적이며 반이성적인 것으로 취급되고 있었다. 따라서 기독교인들이 답하고자 했던 것은 기독교는 무엇인가? 기독교의 핵심사상은 무엇인가? 기독교의 본질은 무엇인가? 기독교는 그런 미신적이라 불리는 초자연적 요소 외에 또 어떤 것이 있는가? 이었다. 20세기는 과학주의가 범람했던 시대로서 모든 신비나 기적은 부정되었고 기독교인들도 이를 역행하기 어려웠다. 더욱이 서양은 당시 자유주의 신학사상이 유행하여 성경의 초자연적인 부분을 중시하지 않고 영적인 것에 인의적인 정의를 내리고 해석을 가미하였다. 이는 '기독교는 무엇인가?' 에 대한 답변으로서 대부분의 사람들은 다소간에 자유주의적인 관점을 갖고 있었고, 기적은 특별한 의미를 지니지 않는다고 생각했다. 거기에는 기독교의 핵심과 주제도 없었다. 실제로 그들이 생각하는 기독교의 본질은 예수 그리스도의 박애정신이었고, 이 박애정신은 어떤 상황에서라도 중국이 시급히 학습해야 하는 것이었다.

「기독교는 중국인의 생활에서 어떤 의무와 기능을 차지하고 있는가?」의 문제에 대해서는 기독교인들을 대신하여 아래에 세 방면으로 세분하여 답할 수 있다.

1. 교회와 사회의 관계: 기독교는 정말 인민의 아편인가, 그들이 내세에만 관심을 갖게 하고, 현세에 대해 무관심하도록 했나? 기독교적 현세의 의미는 어디에 있는가? 중국인의 생활에 어떤 공헌을 했나?
2. 교회와 국가의 관계: 20세기의 중국은 정치 · 경제 · 사회 등을 막론하고 모두 절망적인 어려움에 빠졌고, 중국인이 시급히 요구하는 것은 국가의 재건 및 자강과 자구였다. 이런 큰 방향 내에서 기독교가 존재할 자리가 있는가, 또 맡은 역할은 무엇인가?
3. 토착화의 문제: 기독교는 외래종교로서 솔직히 말하면 제국주의국가들이 전파한 종교이다. 당시 중국인들이 제국주의 침략에 저항할 때, 기독교인은 저쪽 한 켠에 서 있지 않았는가? 기독교가 제국주의와 확실한 경계선을 긋기 위해 교회는 이국적인 성격에서 벗어나야만 했다. 즉 토착화 교회가 필히 설립되어야 했다고 말할 수 있다.

반응양식

기독교에 대한 반기독교운동의 공격과 기독교인이 반응했던 방향을 간단하게 설명했다. 이어서 우리는 1920~1930년대 기독교의 변화를 소개하고자 한다. 여기서 분명하게 밝혀야 할 것은 아래에 논술한 각종 사역이 반드시 반기독교운동의 도전에만 초점이 맞혀진 것이 아니라는 점이다. 사실 그 어떤 사역도 단지 도전에 대한 반응적인 측면에서만 추진된 것이 아니고, 교회 내부의 발전선상에서 요구되는 필요와 동력에 의해 성취된 것이다. 필자는 여기서 '도전－반응' 의 간단한 해석 방법을 열거하고 싶지 않다. 1920~1930년대의 기독교인의 노력과 반기독교 운동을 관련 짓는 것은 단지 하나의 편의주의적인 방법으로서, 결국 이런 사역이 달성하고자 하는 목표를 도식화하기 위한 의도에 불과하다. 또 우리는 기독교에 대한 반기독교 운동의 공격이 지식인들이 조작한 모함이 아니라면 반드시 임의의 사실과 현실적인 문제에 기초한다고 믿어야 한다. 이런 사실과 문제는 당시 기독교인들이 충분히 인지하고 있었고 해결되기를 희망했던 것이어야 한다. 결과적으로 반기독교 운동은 아마도 문제를 해결해야 한다는 절박성을 제고시키는 역할만을 담당했을 것이다.

따라서 다음에서 우리가 각 사역을 살필 때, 우선 그것들의 내재적 발생 원인과 역사적 발전 배경을 설명할 것이고 1927년 이후에만 국한시키지 않을 것이다.

1. 교회연합(敎會合一)

교회 연합문제는 아주 일찍이 제기된 대단히 중요한 부분이었다. 기독교의 분열과 교파간 상호 배척은 줄곧 사람들이 지적하고 공격하는 대상이었다. 교파간의 상호 무관심 또한 기독교인들이 단결하지 못하도록 막았고, 당시의 급변하는 외부 국면에 제대로 대응하지 못하도록 방해했다. 더욱이 교파의 존재는 서양 선교 단체의 색채를 뚜렷이 갖고 있었다. 예를 들면, 바젤회Basel Mission(巴色會), 베를린회Berlin Church(巴陵會), 런던회, 앵글리칸회Anglicans Church(安立甘會) 등 이름만 들어도 모두 이국적인 것으로서 사람들에게 거부감을 일으키기에 충분했다.

연합운동은 두 부분으로 나눌 수 있다. 첫째는 교파의 연합이다. 앞에서 언급한 장로회, 성공회, 루터회 등도 교파간의 합병이 있었다. 둘째로 사역적 연합이다. 전술한 기독교교육회, 중화속행위판회 등이 그것이다. 이런 연합화 작업은 시작한지 오래되었지만 1920~30년대에 이르러서야 획기적인 발전을 이루게 되었다.

먼저 교파연합 방면에서, 당시 대부분의 교파는 각 선교단체가 설립한 교회가 하나의 교회시스템 내로 합병되는 것을 모색했고, 또 전국적인 연합을 조직하여 총괄적으로 협력하도록 했다. 이 외에도 교파의 명칭을 중국어의 습관적 명칭과 잘 어울리도록 하거나 교파의 명칭 앞에 '中華' 두 글자를 덧붙였다. 하지만 여기서 특별히 눈여겨봐야 할 것은 「중화기독교회中華基督敎會」의 설립이다.

장로회는 1918년 4월부터 공리회와 런던회 두 교파와의 합병 가능성을 타진해 왔다. 이후 점차적으로 확대하여 가입을 원하는 교파는 모두 받아들였다. 마침내 1927년에 총 19개 교파가 참여하여 통일적으로 중화기독교회를 설립하였다. 9월에 처음으로 공식적인 전국대회를 개최하고 총회를 구성했다. 그리하여 중화기독교회는 중국 최대의 교파가 되었다.

중화기독교회의 조직은 줄곧 중국교회 연합운동의 본보기가 되었지만 그 연합이 갑자기 완성된 것은 아니다. 특히 중화기독교회의 조직 초기였던 1930년대에는 각 교파로부터 각 선교단체에 이르기까지 여전히 자신들이 이전에 설립했던 교회의 경제적 · 인력적인 측면을 부담했고, 또 각 선교단체는 계속해서 선교 근거점-기지-본부를 유지하고 있었다. 전국적인 지휘본부와 모국의 선교회 이사회의 예속 관계에 있어서는 조직체계가 상당히 얽혀 있었고, 행정적으로 중복된 부분도 많았다. 이 조직상황은 심지어 1930년 미국평교인 선교조사단이 연합사업의 부실한 부분을 밝히는 사례로 인용하여 설명한 적이 있었다.

사역의 연합운동방면에서, 가장 중요한 것은 당연히 「기독교협진회基督教協進會」의 설립이다. 1922년, 중화속행위판회는 상하이에서 기독교전국대회를 개최하여 「기독교전국협진회」 설립을 결의했다. 이 단체는 주로 자문 · 연락기구로서 기획과 조사, 연구 등의 사역을 책임지고 새로운 전략과 사역지를 탐색했는데, 특별히 농촌 재건 사업과 대규모 전도 계획 등을 도모했다. 이 단체는 항일전쟁 이전에 30만 성도를 가진 총 16개 교파의 교회가 참가하여 대략 전국 교인 수의 61%를 차지했다.

협진회와 일부 지역교회의 추진으로 1930년대에는 매우 많은 연합성 사역이 진행되었다. 협화대학協和大學, 쟝시 릐江西黎川의 농업개혁, 화베이 농업복무사華北農業服務社 등이 그것이다. 사실 교회사역 방면에서의 협력은 조직상의 합병보다 비교적 용이했다. 이런 협력계획은 주로 협진회, 청년회 및 교회대학 등과 같은 일부 초교파 사역기구들에 의해 기획되고 추진된 것이다. 이 상황은 현재와 그다지 큰 차이가 없다.

2. 자치 · 자양운동

사람들은 「삼자三自」란 말만 들어도 두려워하지만 사실 삼자는 중국공산당이 발명해낸 작품이 아니다. 일찍이 1877년에 열렸던 전국선교사회의에서 닝보 장로회의 버틀러John Butler는 자주自主 · 자양自養과 현지인 목사가 사역하는 교회를 언급했다. 이는 기독교가 중국에 뿌리를 내렸다는 가장 큰 증표가 되고, 동시에 중국인이 기독교를 '양교' 라고 공격하는 사건도 감소시킬 수 있다는 열망에서 기인한 것이다. 1890년 선교사회의에서 중국교회의 자양문제는 이미 토론의 한 주제가 되었다. 1907년에 열렸던 「백주년기념대회」에서도 완전한 자주권을 가진 자치 · 자양의 중국교회를 선교사들이 설립해야 한다는 결의안을 통과시켰다. 삼자는 중국성도들의 요구일 뿐만 아니라 중국선교사들의 공통된 인식이었다고 볼 수 있다. 이 단어가 향후 어떻게 오용되었는지는 또 다른 문제일 뿐, 이 요구의 절박성 만은 부정할 수 없다.

일부 중국성도들은 중화민국 건국 이전에 샤먼에서 영국과 미국의 두 장로회 선교 단체가 설립한 교회를 포함하여 몇 개의 자립교회를 설립했다. 1862년 이후에 중국인 위주의 자립민남대회自立閩南大會를 개최했고, 1881년에는 시승마席勝魔가 산시 등촌山西登村에서 설립한 복음당이 있었다. 또 20세기 초에는 일부 지역의 기독교인들이 원래의 소속 교파를 벗어나 베이징 · 텐진 · 옌타이煙台 · 지난 · 칭다오 등에서 점차 현지의 중화기독교회[58]를 설립하기 시작했으며, 중국인 성도라면 교파를 불문하고 참여할 수 있었다.

그러나 가장 중요한 것은 1906년 상하이 지아베이閘北 장로회당 위궈쩐俞國楨 목사의 제안으로 조직된 「중국예수교자립회」를 추진한 것이다. 이 단체는 중국인의 자리自理 · 자양 완수를 목표로 삼아 각지 기독교인의 호응을 얻었다. 1920년에 전국 총 16개성에 189개의 자립회 교회당이 있었고, 동년 6월에는 제1회 중국예수교자립회전국연합대회를 개최하여 중국예수교자립회 전국총회를 조직했다. 자립교회의 최전성기에는 교회당이 600여 개에 이르렀다. 하지만 국내정치의 동요와 경제문제로 1930년대에 점차 위축되기 시작하여 1935년에는 겨우 200여 개의 교회당만 남게 되었다.

---

58. 이는 1927년 장로회와 공리회, 런던회 등이 합병하여 설립한 중화기독교회와 관련이 없다.

중화민국 건국 이후에 설립된 자립교회가 비교적 숫자도 많고 규모가 컸다. 그 중 진예수교회眞耶蘇敎會와 취회소聚會所가 있다.

진예수교회는 1917년에 베이징에서 설립되었고, 창립인은 산동 장로회의 장링성張靈生과 장바나바張巴拿巴, 런던회의 웨이바오루오魏保羅이다. 그들은 당시 중국 대부분의 기독교회가 성경을 위배하고 있다고 확신했고, 이에 독립적인 전도로 교회를 설립하여 진예수교회라 명명하였다. 설립 초기에는 허난河南과 산동성의 두 개 성에 불과했지만 이후 화난과 화베이 등지로 퍼져나갔고, 1926년 난징에 본부를 설립하기에 이르렀다. 교회가 급속하게 발전하여 항전 후에는 국내외에 교회와 기도소가 1,000여 곳이 있었고, 교인은 약 8만 명에 육박했다.

취회소는 워치만 니倪柝聲가 설립했고, 먼저 1928년에 상하이에서 '보빙집회擘餠聚會' 59)를 열었다. 그 후, 이 소규모 단체는 점차 발전하며 각지에 집회소를 설립했다. 그들은 자신들이 이전에 소속되었던 교파를 거부하며 그저 주를 섬기는 모임의 하나에 불과하다고 여기고 어떤 명칭도 부여하지 않았다. 이후 정부에 등록하기 위해서 「기독도취회처基督徒聚會處」 또는 「교회취회소」 등의 명칭을 사용했다. 또 그들은 명칭을 갖기 전에 「소군가집小群歌集」을 사용했으므로 「소군교회」로 불리기도 했다. 집회소는 상하이에서 시작하고 발전하여 점차 전국과 해외로 퍼져나갔고, 1949년에는 700여 교회, '보빙' 교인은 7만 명이 넘었다.

이 밖에 1921년에 징뎬잉敬奠瀛 등이 산동 타이안 마주앙泰安馬莊에서 시작한 「예수가정耶蘇家庭」, 또 일부 왕밍다오王明道의 베이징 기독도회당基督徒會堂 등과 같은 자립교회가 있었다.

59) 보빙(擘餠:벽병)이란 말은 '떡을 쪼개다 또는 나누다'는 의미이다.

위에서 언급한 각종 자립교회는 대체로 일부 중국전도인이나 기독교인이 주도했고, 원래의 선교단체에 의해 설립된 교파를 이탈하여 자립적인 교회로 조직되었다는 공통점을 볼 수 있다. 이는 교파에 소속된 한 교회당이 교인 증가와 경제적 자립으로 교파에 자립을 신청한 상황과는 완전히 다른 것이다. 후자는 자립했지만 여전히 그 교파에 소속돼 있는 것이고, 전자는 또 다른 하나의 새로운 교파로 간주할 수 있기 때문이다. 자립교회의 지도자는 아마도 선교단체나 선교사와의 관계에서 불화가 있었거나 현 소속 교파에 불만이 있어 자립한 것이다. 따라서 그들은 외국의 교회의식과 신학사상에 완강하게 반대했는데, 예를 들면 조직 독립 · 전도인 안수금지 · 성찬시 분병 준수 등이다. 일반적으로 자립교회는 토착화 정도가 매우 깊이 있게 진행되었다.

자립교회의 또 다른 특색은 창립인 중 다수가 부흥사로 활동하고 있었던 관계로 신앙적인 측면에서 이성적인 지식보다 감정적인 몰입을 강조했다. 더욱이 그들은 목회 시, 가부장적인 방식을 채택하여 엄격한 교육과 시범을 병행하며 도제식으로 교인들을 훈련시켰다. 그들 교회는 서양교파와의 분리를 통해 매우 큰 권위를 가지게 되었다. 결과적으로는 교회는 반학술 · 반신학 · 비역사적인 성향을 띠었다. 또 그들은 서양신학의 전통적 관계를 전면적으로 부정했기 때문에 그들 대다수는 자칭 성경으로부터 직접 모든 신앙의 진리를 이해했고, 성경을 문자적으로만 해석했다.[60)]

그러나 그들의 신앙초점은 신학사상에 있지 않고, 생활 속에서의 적용에 역점을 둔 행위의 변화를 매우 강조했다. 예를 들면, 왕밍다오는 '거

60) 심지어 오직 중문 번역의 뜻풀이였다(literalism).

듭남' 에 두 가지 의미가 있다고 생각했다. 첫째는 더 이상 육체의 죽음으로부터 위협을 받지 않는다는 것이고, 둘째는 살아있는 사람은 성령의 도움으로 구체적인 변화를 일으켜 종전에 이르지 못했던 도덕적 행위에 도달할 수 있다고 믿었다. 그러므로 기독도회당에 참가한 사람은 반드시 거듭나야 하고 거듭남은 행위로 식별될 수 있는 것이었다.[61] 이런 견해는 실제로 중국인의 신앙습관과 매우 밀접한 것이다.

교회의 자치 · 자양운동이 반기독교 운동만으로 발생한 것은 아니지만 그 발전은 중국인의 반교정서와 매우 밀접한 관계가 있었다. 1920년대, 반기독교 운동이 가장 격렬했던 시기가 교회의 자치 · 자양이 가장 신속하고 활발했던 시기였기 때문이다. 특히 민족주의의 고양으로 배외 · 반교정서가 격렬해짐으로써 외국에서 온 많은 선교사들이 내지에서 연해지역으로 후퇴했고, 당시 선교회의 사역도 쇠퇴하게 된 반면, 본토의 독립교회는 기회에 편승하여 사역을 대대적으로 전개하였다. 이는 교회가 자립화되어 발전했던 황금시기였다.

1920~1930년대 말, 기독교에 대한 민족주의의 공격이 느슨해지자 교회의 자치 · 자양 노력도 느슨해졌다. 하지만 1930년 초, 세계적인 불황이 시작되자 중국선교사와 재정이 현저히 감소되어 교회사역이 어려워지게 되었다. 의료와 교육, 자선 등 많은 사역들이 위축되거나 중단되었고, 종전에 선교회로부터 재정협력을 받았던 교회들은 자양이 어려워지게 되었다. 이런 과정에서 일부 교회는 사례를 받는 전도인을 사임시키고 봉사자를 모집하여 전임 전도인을 대체했다.

61) 행위주의와는 다름

3. 중국인 전도사역

일찍이 1910년대에는 중화국내포도회中華國內佈道會와 같이 중국교인들이 자발적으로 설립한 전도조직들이 있었다. 여기에서 일일이 다 소개할 수는 없지만 송상지에宋尙節와 보트리포도단伯特利佈道團은 언급할만한 가치가 있다. 보트리포도단은 1925년에 스메이위石美玉의사와 후준리胡遵理선교사가 창립하였다. 송샹지에는 1931년에 가입했고, 당시의 지도자는 지즈원計志文이었다. 그들의 전도사역의 흔적은 중국 전역뿐만 아니라 홍콩과 동남아 지역까지 폭넓게 걸쳐 있고, 효과도 엄청나 예수를 믿는 사람이 극히 많았으며, 수많은 교회의 부흥을 도왔다.

그 밖에 협진회가 1930년대 초에 추진한 「5년운동」도 매우 중요하다. 1929년 봄, 협진회가 광조우 · 상하이 · 선양 · 베이핑 · 우창 등지에서 '지역퇴직회' 회의를 열고, 5년 내에 중국교회를 질적 · 양적으로 성장시키자고 제안했다. 같은 해 5월, 협진회는 제7회 연례회를 개최하여 정식으로 이 안건을 통과시키고 「5년운동」을 전개하였다. 「5년운동」의 목표는 교인배양과 복음전도 두 가지였다. 비전은 5년 내에 교인 수를 두 배로 증가시키는 것으로 당시 구호는 '주께서 당신의 교회를 부흥시키고 먼저 나를 구원하기를 기도하자' 였다. 사역내용은 전도와 종교교육, 가정복음화 추진, 문맹퇴치운동, 수탁주의[62] 촉진, 청년사역과 농촌재건 등을 포함하고 있었다. 성과는 주목할만 했지만 교인 수를 두 배로 성장시킨다는 목표는 이루지 못했다.

왕자이 등의 전도자나 지방의 교회 전도사역에 관해서는 여기서 생략

62) 하나님께서 주신 재능과 재물을 필요한 자들에게 베풀자

하겠다. 하지만 1920~1930년대에 중국교회가 전도자들을 많이 배출했다는 것이다. 그들은 왕밍다오나 니투오성과 같이 교회를 세우고, 송상지에와 같이 전문적으로 순회전도를 하며, 중국교회에 중요한 영향을 끼쳤다. 그리고 이후 교인의 영적관념과 신앙양식을 만들어냈다. 그들 대다수는 고정된 봉급을 받지 않고 교인들의 후원에만 의지하는 믿음의 생활을 했다. 이 전도인들의 후원형태는 당시 많은 사람들의 흠모와 모방을 초래하기도 했고, 기존제도에 상당히 큰 충격을 주기도 했다. 중국교회의 발전적 측면에서 보면, 선교효과나 신앙의 모범적인 작용의 모든 면에서 그들의 영향력은 동시기의 전체 선교사를 압도했다고 말할 수 있다.

4. 토착화(Indigenization)

토착화 작업은 기독교신앙을 전통문화와 관계맺게 하는 것으로서, 상호간의 차이점과 충돌을 최소화하여 불필요한 오해를 피하고 화합과 협조를 통해 상호 병존하고 성장토록 하는 작업이다. 거기에는 교회의 예식 측면과 신학적인 측면을 포함하고 있다.

예식적인 토착화에 관해서는 사실 19세기에 이미 많은 선교사들이 이 방향으로 가고자 노력하고 있었다. 예를 들면 교회당을 사당 형식으로 건축한다든지, 선교사들이 중국식 복식을 착용한다든지, 중국인의 습관에 따라 남녀가 분리하여 앉는 것 등이 그것이다. 이 노력들은 모두 중국인들의 기독교에 대한 불필요한 오해를 피하고, 복음사역이 방해를 받지 않게 하기 위한 방책이었다. 20세기 초기, 리우팅팡劉廷芳 · 쉬이산許地山 · 쟝이쩐蔣翼振 등 일부 중국기독교인 학자들은 예식 토착화의 방향을 시도하고 노력했는데, 그들은 「자정紫晶」이란 잡지를 창간하여 중국교인들이 쓴

시가와 기도문을 발표하였다. 이 잡지를 통해 중국인의 숭배의식과 적합한지 탐구했고, 그 과정에서 소기의 발전과 성과도 있었다. 이 밖에, 「보천송찬普天誦讚」 등의 시집에 수록된 중국교인들이 창작한 일부 노래는 인구에 회자되는 작품이 되었다.

신학적인 토착화는 노선 차이가 워낙 심하여 여기서 전체를 설명하기는 어렵다. 대략 두 단계로 나눌 수 있는데, 첫 번째는 기독교와 중국문화의 관계를 다루는 것이고, 두 번째는 중국인의 사고의 방향과 관심에 부합되어 쓰여진 신학이다. 자오즈천趙紫宸이 1940년대 말에 두 번째 단계의 작업에서 약간의 공헌을 한 것[63] 외에 그 밖의 노력은 주로 첫 단계에 집중되어 있었다.

기독교와 중국문화를 통합하는 방법은 여러 가지가 있다. 가장 원시적인 「모방주의Me-tooism」로 시작하는데, 곧 기독교가 언급하는 것은 중국인이 이미 오래 전에 언급했었던 것으로 서로 다름이 없다는 것을 강조했다. 여기서 동서의 성인들의 마음이 서로 유사하다는 것을 인정하여 중국인의 기독교에 대한 거부감을 소멸시키는 것이다. 예를 들면, 기독교의 하나님은 곧 중국의 고시에 나오는 '천(天)' 을 지칭한다든지, 기독교는 유가문화와 마찬가지로 효도를 강조하고 있다든지, 중국의 '인(仁)은 곧 기독교의 '사랑' 이며, 두 신앙이 모두 '내가 일어서고 싶으면 타인도 일어서게 해주라己欲立而立人' 는 도덕 규율 등과 같은 것이다. 더 나아가 전통문화와 기독교의 차이에 대해서는 각기 나름대로의 독특한 점이 있으므로 상호 보완할 수 있다고 주장했다. 보완하는 방법은 두 가지가 있는데, 첫 번째는 유가문화가 갖추지 못한 결함[64]은 기독교에 있는 것으로

63. 자오즈천의 「예수전」은 중국인의 각도에서 예수의 일생을 새롭게 번역.
64. 초월적인 신관의 결핍이나 인성의 어두운 측면에 대한 체험 부족 등

보완할 수 있고, 두 번째는 기독교의 '서양문화의 외피'[65]를 벗어버리고, 원시기독교로 돌아가서 중국문화와 결합하자고 제기했다. 이런 방법은 각각 어느 정도의 성과를 거두었지만 많은 가설을 두고 논의해 봐야 할 것이다.

신학적 토착화를 언급하면 마땅히 베이징증도단北京證道團을 함께 거론해야 한다. 이 단체는 1920년에 기독교 지식인들이 설립하였다. 목적은 복음을 증거하는 단체로서 기독교가 시대정신과 어떻게 상응하는지 간증하는 한편, 교회의 신앙내용 · 조직 · 제도 · 의식 등 교회내부의 문제를 개혁하고자 했다. 그들은 「생명」[66]이란 간행물을 발간했다.

5. 연관화

연관화는 시대가 처한 곤경과 문제에 대해 교회가 어떻게 대응하고 반응하는지를 말하는 것이다. 이것은 사실 앞에서 언급한 「기독교는 중국인의 생활에서 어떤 의무와 기능을 차지하고 있는가?」의 문제이고, 사회(사회개혁)와 국가(구국문제)의 두 측면을 포함하고 있다.

19세기, 선교사들이 중국에 왔을 때, 그들의 절반 이상은 유럽의 경건주의와 미국의 부흥 운동 사상을 품고 있었으므로 세상의 부패와 개인의 영적인 거듭남, 영생의 소망을 강조했을 뿐 기독교의 사회에 대한 책임은 그다지 크게 느끼지 않았다. 그러나 19C 말~20C 초에 중국에 온 선교사들은 미국의 사회복음 신학사상의 영향을 적잖게 받았고, 복음은 영혼뿐만 아니라 인간 육신의 행복에 대해서도 직접적의 의미를 가져야 한다

65) 비그리스도화 주장과 같은.
66) 이후 다른 간행물과 합병하여 이름을 「진리와 생명」으로 바꾸었음.

고 생각했다. 따라서 선교사들은 개인전도에 힘쓰는 한편, 중국사회의 개혁사업에 참여하였다. 그 중 가장 중점을 둔 분야는 교육으로서, 교육으로 사람의 마음을 변화시키면 사회를 변화시킬 수 있고, 사회복음이 가장 잘 실현될 수 있는 지름길이라고 생각했기 때문이었다. 1920년 이후, 선교사들의 반수 이상이 교육사역에 투신하였다.

사회복음사상은 또 우야오종吳耀宗 · 자오즈천 · 우뢰이추안吳雷川 등 일부 중국교인들에게 영향을 끼쳤다. 그들은 사회와 연관시켜 신앙의 의미를 이해하려 했고, 사회 재건을 바탕에 둔 정신재무장을 강조했다. 청년회도 사회복음의 중요한 진영이었다고 말할 수 있는데, 문맹퇴치 · 국민교육 · 사회구제 등 수많은 사회개혁사업을 추진하였고, 1920년에는 노동운동을 시작하여 많은 성과를 거두기도 했다.

그러나 여기서 반드시 주의해야 할 점은 중국교인들이 믿었던 것과 미국의 사회복음이 사실상 완전히 동일하지는 않았다는 것이다. 그들은 틀림없이 그 중 일부 사상의 영향을 받았지만 중국의 현실 속에서 미국인처럼 낙관적으로 천국이 지상에 실현될 것이라 생각할 수 없었다. 중국교인들이 복음의 사회적 의미에 관심을 둔 것은 당시 중국이 가장 절박하게 필요로 하고 있었기 때문이었다. 1930년대 이후, 그들은 또 "교인은 마땅히 사회에 참여해야 하지만 너무 큰 기대는 하지 않아야 한다. 인간의 범죄 후, 사회는 이미 하나의 죄악된 사회이기 때문"이라는 관념을 점차적으로 만들어내고 있었다.

중국 지식인들의 전환처럼 20세기의 중국 기독교인들의 관심도 문화적인 추세에서 사회적인 추세로 변화되었다. 그들은 중국의 이기심 · 연약함 · 무능을 변화시켜 모든 사회를 변화시킬 수 있다는 복음의 공로를 처음으로 인정했다. 기독교의 신앙 핵심은 바로 그리스도 자신이고, 그리스도는 그렇게 용감하게 죄악을 직시하고 악한 세력을 물리쳤으며, 진리에 대한 대단한 집착과 의지를 가지고 인류를 너무나도 사랑했다는 것이다. 중국 기독교인들은 이런 정신을 이용하여 중국인을 분발시키고 고무시키면 사회를 직시하고, 사회를 개혁할 수 있을 것으로 생각했다. 이와 동시에 그들은 적극적으로 토착화의 문제에 관심을 가지고 기독교가 중국문화 특히 중국인의 사상과 생활이 서로 조화될 수 있는 방법을 두고 많은 토론을 거쳤다. 하지만 1920년대 말기에 이르자, 정신 재무장과 토착화의 토론은 점차 감소했는데, 이는 이런 문제들이 해결되었다거나 어떤 성과가 있었기 때문이 아니라 교회 지도자들의 토착화 문제에 대한 관심이 '기독교와 혁명' 등과 같은 사회의 구체적인 문제에 대한 탐구로 이미 전환되었기 때문이었다. 가장 뚜렷한 사례는 1936년 우뢰이추안이 쓴 「기독교와 중국문화」로서, 토론의 요점은 기독교와 중국문화의 관계에 있는 것이 아니라 기독교를 대체할 수 있는 혁명의 기초를 찾는 것이었다.

기독교인의 사회개혁사업은 매우 많았다. 예를 들면, 마약금지 · 금연 · 도박금지 · 재난구제 · 풍속개량 등으로 「중화민국거독회中華民國拒毒會」, 「도덕회」 「난징개량회南京改良會」 등과 같은 조직이 설립되어 사업을 주도했다. 하지만 특히 주의할 만한 것은 옌양추晏陽初의 「중화평민교육촉진회」와 쉬바오젠徐寶謙의 '장시뤼추안실험계획江西黎川實驗計劃'을 포함하는 당시의 농촌개혁운동이다.

미국 예일대학 졸업생인 옌양추는 1918년 제1차 세계대전 시기, 프랑스의 전장에서 노역하던 10여 만 명의 중국인 노동자를 위한 봉사업무에 참여하던 중에 중국인이 겪는 고통은 문맹과 지식이 결핍된 결과라고 생각하게 되었다. 1920년 귀국 후, 청년회의 지원을 받아 문맹을 퇴치할 목적으로 화중 · 화베이 · 화동 세 지역에서 시험적으로 '평민교육 운동'을 추진했다. 1923년, 「중화평민교육촉진회총회中華平民教育促進會總會」를 설립하고 농민을 주된 봉사대상으로 삼았다. 1929년, 허베이성 딩현定縣을 시험지역으로 선정하고, 대규모의 농촌현황조사와 체계적인 종자개량 · 평민교육 · 지역사회위생 등 사업을 실시했다. 그 후, 「딩현실험」은 쓰추안四川과 후난湖南 등지로 확대하였다. 항일전쟁 기간에 「중화평민교육촉진회총회」의 대부분 사업은 중지되었다. 1947년, 옌양추는 미국으로 가서 「중국농촌부흥연합위원회」를 설립하고, 이후 타이완의 농업발전에 중대한 공헌을 했다. 대륙이 공산화된 후인 1952년, 옌양추는 평민교육운동국제위원회에 의해 필리핀으로 파견되었고, 그 곳에서 농촌개혁을 진행했다. 1967년, 필리핀에서 「국제농촌개조학원International Institute for Rural Recons-truction」을 설립하여 제3세계국가의 농촌재건을 위한 인재를 훈련시켰다. 옌양추는 일생 동안 평민교육과 농촌재건을 위해 분투했고, 그 공헌은 위대했다.

쉬바오첸은 뉴욕협화 신학원과 콜럼비아 대학을 졸업하고, 1924년에 귀국한 후 먼저 청년회에서 활동했다. 이후 옌징대학 종교학원에서 교수로 재직했다. 1922년, 협진회 설립 초기에 「농촌문제와 향촌생활위원회農村問題與鄉村生活委員會」를 조직하여 교회의 농촌 개혁 사업을 시작했다. 1934년, 국민정부가 공산당 세력을 쟝시성으로 밀어내자 쟝시성의 농촌을 재건하기로 결정했다. 송메이링(宋美齡)은 교회가 이 사업을 책임지도록 하고 경비의 절반을 부담했다. 결과적으로 협진회가 맡아서 처리하는 것으로 했고, 동년 9월에 뤼추안(黎川)실험구 계획이 시작되었다. 1935년, 쉬바오첸이 미국에서 돌아오자 뤼추안실험구의 총간사로 임명되었고, 그는 의연히 옌징대학 교수를 사임하고 뤼추안으로 이사하여 소박한 농촌생활을 시작했다. 1939년, 쉬바오첸이 총간사직을 사임하자마자 뤼추안 실험

계획은 곧바로 실패하고 말았다.

기독교인들은 사회개혁 외에도 중국인의 어려움을 직시하려 노력했고, 제국주의의 압박에 저항하였다. 기독교인들은 반기독교운동기간에 계속해서 불평등조약을 폐기할 것을 요구하였고, 특히 5·30참안이 발생한 후, 기독교인들은 「기독도연합회」·「기독도호안후원회基督徒_案後援會」·「기독도폐제불평등조약촉진회基督徒廢除不平等條約促進會」를 조직했고, 제국주의의 폭행을 비난하는 성명을 발표했다. 일부 선교사들도 적극적으로 불평등조약 폐기를 주창했다. 당시 청년회는 국민교육을 전력으로 추진하여 중국인의 국민의식을 고취시키려 했다. 1930년대, 일본군이 중국 침략을 강화하여 화베이가 전화에 휩싸였을 때, 청년회는 상하이 각 교회단체와 함께 「기독교전지난민구제회基督教戰地難民救濟會」와 「전구복무전국위원회戰區服務全國委員會」를 조직하여 군대위문·물자징집 등 전쟁지역에서의 봉사활동에 종사했다.

연관화 작업의 성과를 검토하는 일은 그렇게 쉽지 않다. 한편으로 중국기독교인들이 당시 각종 항목의 사역을 위해 매우 노력하였고, 개별적인 성과도 적지 않았지만, 다른 한편으로는 종합적으로 말하면 원래의 목적을 달성하지 못했다. 주요 원인은 여전히 인력과 자원이 부족하고 시간이 제한되어 있었기 때문이다. 위험스럽고 힘든 중국적 환경 속에서 그 어떤 개량성 사업도 큰 효과를 거두기는 불가능했다. 일부의 구제활동으로 전국적인 경제적 문제를 개선할 수 없었고, 부분적인 농업개량이나 합작사의 설립으로 농촌경제의 파탄을 해결될 수도 없었기 때문이다. 따라서 단기적인 목표에 착안한 이런 사업은 모두 의심할 여지 없이 높은 가치가 있지만, 만약 참여자의 노력의 목표가 이 같은 실험성 행동으로 중국을 구원하는 것이라고 했을 때, 곧 그 효과는 만족스럽지 못할 것이다.

단일 현의 농촌개혁조차도 장시간을 소모하고도 보잘것 없는 성과를 내는 마당에 한 성과 전국을 어떻게 개혁할 수 있겠는가. 예를 들면, 쉬바오첸이 대학교수직을 포기하고 농촌으로 가서 개혁적인 실험에 종사한 것은 그 희생이 적지 않았지만, 결과적으로 실패하고 돌아왔다. 이 실패가 가져온 좌절감은 사람들로 하여금 급격한 변화와 만신창이가 된 중국에서의 사회개혁의 가능성에 회의를 품지 않을 수 없게 하였다.

그 밖에 기독교인들이 사회개조에 종사했을 때, 사실상 대다수 문제는 전체적인 정치 · 경제 · 사회제도와 관련되어 있는 것이지 개별적으로 존재하는 것이 아니라는 것을 발견한 것이다. 이로써 단편적인 개조나 개별적 사회 문제를 겨냥한 조치는 실제로 총체적인 국면의 운명을 바꾸거나 총체적으로 불합리한 제도를 변화시킬 수 없었다. 이는 개량주의자의 한계였다. 이에 1930년대 이후, 일부 기독교인들은 사회개혁의 분투에서 정치혁명으로 전향하여 중국에 대한 전반적인 개조를 요구하기에 이르렀다.

연관화 사업에 참여한 기독교인은 물론 신학 사상적으로 서양의 자유주의와 사회복음의 영향을 받았다. 하지만 그것은 중국사회문제에 대한 각종 견해와 기독교인의 마땅히 가져야 하는 행동에 대해 어떤 신학사상의 지도를 받은 것이 아니라 실제적인 참여를 통해 체험하고 선택하였으며, 점차 그들의 노선을 전환하거나 확신하였다. 그러므로 그들의 사상을 분석하기 위해 단순히 그들의 신학적 연원만을 거슬러 올라가는 것은 의미 없는 일이다. 하나의 실제적인 사례를 들어보면, 우야오종은 1930년대에 이미 정치혁명의 경향으로 전향했지만 당시 단지 평화주의자로서 여전히 폭력혁명을 거부하고 이상적인 수단을 추구하고 있었다. 하지만 1940년대 중엽, 우야오종은 폭력혁명의 형식을 수용하기 시작했다. 이 전환은 성경적이거나 신학적인 이유에 기초한 것이 아니라 현실적인 고려에 순응한 것일 뿐이었다. 그가 발견한 것은 우리의 기분과 상관없이 폭력은 이미 세상가운데 존재하고 있다는 것이다. 기독교인은 다만 두 가지 선택을 할 수 있는데, 하나는 폭력으로 폭력을 제거하는 것이고, 둘째는 폭력사용을 포기하고 현존하는 폭력이 계속 존재하도록 남겨두는 것이다. 당연히 우야오종은 전자를 선택하였다.

따라서, 그들을 간단히 일부 교파의 신학진영에 편입시켜서 그들의 행위를 해석하는 것은 필연적으로 매우 큰 왜곡을 초래할 것이다. 우리는 바로 앞에서 중국은 진정한 사회복음파와 다르다고 언급했다. 반대로 우리가 지적하고 싶었던 것은 바로 이런 연관화 작업은 주로 반응을 보는 것이고, 기독교가 중국의 필요에 적합하도록 하는 것이며, 또한 현실적인 고려는 비로소 진정으로 그 행동을 좌우하는 선택이기 때문에 신학적 반성(고려)이 결핍되거나 신앙적 특징이 상실되는 심각한 위기를 초래할 수 있고, 심지어는 외부의 도전에 쉽게 동요될 수 있게 된다. 비극은 가끔 이런 것으로부터 만들어진다.

또 한 가지는 연관화 작업이 단지 소수 기독교인 학자나 기독교 기관에만 집중되었다는 것이다. 협진회나 청년회, 기독교대학에만 집중되었고 교회에 광범위하게 보급되지 않았다. 이는 사업에 대한 지원이 부족했다는 것 외에 세상적인 각도에서 기독교인의 신분과 교회는 서로 다르게 이해되었고, 교회분열은 두 진영의 상황을 더 명백하게 보여준다. 일파는 강렬한 부흥운동의 성질이 강한 보수파로서, 인간의 영혼 구원에만 관심이 있고, 사회문제는 교회의 주된 임무가 아니라고 취급하고 구체적이고 직접적인 반응을 보이지 않았다. 그들은 또 사회에서 사람들에게 일어나는 문제는 단지 영적 문제의 부산품일 뿐, 교인들은 마땅히 사회에 책임을 다해야 하지만 최대 임무는 복음 전파와 중생으로서 이것이 사회문제를 해결하는 궁극적인 방법이라고 생각했다. 또 다른 파는 자유파로서 교인들이 사회 개혁에 참여하여 그리스도 사랑의 정신을 실천하고, 사회를 복음화시키자고 주장했다. 그들은 이것이 교회의 사회에 대한 최대의 책임이고, 또 중국에 대한 신앙의 의미라고 여겼다.

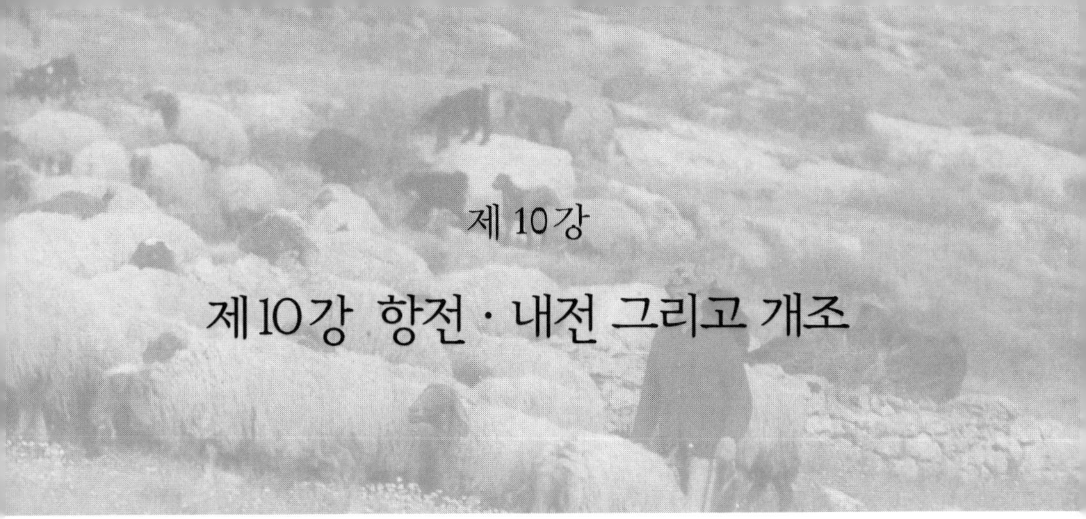

제 10강

제10강 항전 · 내전 그리고 개조

1937년, 항일전쟁이 발발하여 중국은 향후 10여 년간 외전과 내전에 휩싸이게 되었다. 정치 혼란과 경제 파탄으로 국민들의 생활은 어려워졌다. 중국의 기독교회 또한 국난을 피할 길이 없었고 고난과 고통 속에서 살아남기 위해 최선을 다했다.

함락 지역의 교회상황

노구교사변은 일본이 중국침략전쟁을 본격화한 사건이다. 사변이 일어난지 채 일년이 못 되어 화동지역 전체가 일본군의 수중에 들어갔다. 중국 정부는 총칭重慶으로 수도를 옮기게 되었고 일본은 전장을 화중지역으로 확대해 나갔다. 이로써 국토는 함락지역과 아직 함락되지 않은 후방지역으로 양분되게 되었다.

북방에서는 텐진과 베이핑(베이징)이 순식간에 일본군에 함락되었고, 중남부의 상하이와 난징도 몇 개월을 버텨내지 못했다. 이 지역들의 교회는 피난을 준비할 만한 시간이 충분치 않은 상황에서 일본이 세운 괴뢰정부의 통제하에 편입되었다. 반대로 우한과 광조우 등의 남방지역은 1938년 10월 이후에 함락되어 약 일년 정도 대비할 수 있는 시간을 확보할 수 있었다. 일부 기독교 기관 가운데 특히 전통 있고 나름대로 규모를 갖추고 있었던 학교들은 홍콩이나 마카오 또는 내륙으로 이전하여 계속해서 운영되었다. 함락지역에 남았던 선교사와 선교단체도 비교적 대응을 잘하여 계속 발전하거나 교회재산을 다른 용도로 전환하여 사용하기도 했다.

영국과 미국은 1941년 말까지 중일전쟁에서 중립국 지위를 유지하여 선교단체에 속한 모든 교회재산도 잘 보전될 수 있었다. 일본군이 도시로 진입하기 전에 미군은 미리 군대를 파병하여 미국인의 재산을 보호함으로써 일본군 진입 후에 발생할 수 있는 피해를 미연에 방지하였다. 또 선교사들은 자유롭게 출입할 수 있었으므로 선교사역은 계속 진행될 수 있었다.

그러나 미국 선교단체는 그다지 큰 영향을 받지 않았지만 다른 국가들은 유럽전쟁이 임박해지고 경제 불황이 가중되면서 중국에 대한 선교지원을 대폭 삭감하게 되었고, 해외 지원이 줄어든 상황에서 선교사역은 위축될 수 밖에 없었다. 독일 선교단체의 상황은 특히 심각했다. 유럽전쟁이 발발하기 수 년 전부터 독일정부가 외환관리를 엄격하게 추진함으로써 중국의 선교사들은 경제적 지원을 받을 수 없게 되어 결국 귀국하게 되었다. 교회 자체적으로 경비를 해결해야 하는 상황에서 교육과 의료사역은 학생들의 수업료나 환자의 진료비를 인상하였고 자선사역은 포기할 수밖에 없었다. 1939년 유럽전쟁이 개시 된 후, 독일이 모든 의료인을 징집하여 전장에서 복역하도록 하자 모든 사역장의 의료사역은 일시에 중단되었다.

일부 선교사들이 거주했던 병원과 학교는 계속 운영되었지만 정치적 탄압을 받았고, 학교의 교육과정은 일본의 간섭으로 더 발전하지 못했다. 중국인을 교장으로 둔 교회학교는 일본군의 엄격한 통제로 학교 운영을 계속 진행할 수 없게 되어 폐교하기에 이르렀다. 하지만 선교사들은 교사

校舍를 이용하여 당시 가장 절실히 필요했던 난민구제사역을 시작했다. 각 지역의 선교사와 교회로 구성된 난민구제회는 교회학교 부지를 이용하여 난민촌을 열었다. 경제적인 문제를 비롯한 여러 가지 원인으로 난민이 된 사람들을 수용하고 숙식과 교육을 제공하였다. 경비는 미국의 각 선교단체가 미국교회에 요청하여 지원되었다.

상하이는 원래 전국교회의 연락기지로서 각 선교단체와 기관의 전국본부가 위치한 곳이었다. 하지만 일본 통치기간에 직접적인 피해를 당하지는 않았지만 경제적 어려움과 통신의 장애, 더욱이 정치적으로 민감한 지역이라는 이유로 연락기지의 위치를 잃어가고 있었다. 또 상하이에서 출판되었던 「*China Recorder*」나 「*China Christian Year Book*」과 같은 중요한 교회 간행물들도 1937년 이후 차례대로 정간되었다. 다른 간행물들도 일본괴뢰 정권에 의해 엄격한 심사를 받아 문서사역은 이 때부터 심각한 타격을 입기 시작했다.

1941년 12월, 일본군의 진주만 습격으로 태평양전쟁이 발발하고 영국과 미국은 일본의 적대국이 되었다. 선교사들은 시간적으로 중국을 벗어나기 어렵게 되자 아군 수용소로 들어갔고, 그 숫자는 약 1,200명에 달했다. 상황이 이렇게 급변함으로써 함락지역의 교회는 전적으로 중국목회자나 교인들에 의해 운영되었다.

그러나 당시 일본 괴뢰정부는 통제를 편리하게 할 목적으로 각 지역교회별로 연합회를 조직할 것을 요구했다. 1942년에 베이핑에 「화베이 기독교 연합촉진회」를 설립하거나 사메지마 류세이鮫島隆盛와 같은 일본인 목사를 홍콩에 파견하여 고문으로 임명하고 교회의 동태를 감찰하는 방법 등으로 교회를 통제했다.

후방의 발전

여기서 '후방'은 화서華西지역 쓰촨성四川省 등 성급省級 지역을 비롯하여 일본군 병력이 미치지 않은 모든 지역을 의미한다. 일본군은 화동지역에서 상하이 등 중요 대도시만 점령했을 뿐, 그 외 현급縣級지역에는 그들의 세력이 미치지 못했으므로 이런 지역도 후방에 속한다고 볼 수 있다.

중국정부가 총칭으로 천도하자 전국의 정치 · 경제 · 교육 분야의 기관, 그리고 다수의 피난민이 함께 이주했다. 피난민 중에는 청년학생들의 숫자가 다수를 차지했는데, 그들 중에는 후방에서 국가를 위해 싸우려는 청년들과 소속된 학교를 좇아 학업을 지속하려는 학생들이었다. 그들은 가족들과 함께 피난길에 오르지 못하고 홀로 타향에 머물게 된 것이었다. 전쟁으로 가족들과 연락이 두절되고 모든 경제적인 지원도 단절된 청년들을 돕는 학생구제사역이 매우 절박해졌다. 이 사역은 주로 총칭에 거주하던 미국중국원조회United China Relief가 기독교청년회에 위탁하여 진행하였고, 그 밖에도 세계학생연맹과 세계기독교학생동맹은 영국과 미국 등지에서 자금을 모아 구제기금회를 설립하였다. 그들이 경비를 직접 전달할 때, 먼저 총칭의 청년회전국협회에서 일차적으로 배분하고 다시 창사 · 총칭 · 난창 · 꾸이린 · 광동 등지에서 이차적으로 배분하였다. 학생들은 구제를 신청하고 심사를 통과하면 매월 겨울 의류와 피복, 식품과 의약품 등을 보조받을 수 있었고, 학비도 지급받았다. 초기에는 무상으로 보조했으나 나중에는 봉사성 학비보조로 개정되었고, 학비 보조를 받는 학생들은 정해진 사회봉사에 참여하도록 규정했다. 의학원은 의료선전대를 조직하여 농촌에서 방역과 위생교육 등으로 봉사했고, 일반 학생들은 식자반識字班이나 전시 아동 의무학교를 열거나 난민을 돕는 일에 참여했다.

청년회는 모든 생활방면에서 학생들을 보살펴 주었고, 학생들은 가족과 친척들의 지원을 받을 길이 없던 막막한 처지에서 청년회에 더없이 의존하게 되었다. 자연히 학생전도사역도 매우 유리한 상황을 맞았다. 청년회 그리고 청년회와 친밀한 관계를 유지했던 「중국기독도학생운동」[67] 외에도, 여기서 언급할만한 것은 1945년 7월에 총칭 남산에서 개최되었던 「전국기독도학생수련회」로서 수련회가 끝나고 「전국기독도대학생연합회」를 설립하고 쟈오쥔잉趙君影을 총간사로 임명하였다.

당시 선교사역도 많은 발전이 있었다. 협진회와 청년회 및 학생연합은 적극적으로 전도사역에 힘썼고, 화서신학원도 「화서기독도전진운동華西基督徒前進運動」을 전개하여 교인들이 질적 · 양적으로 더욱 성장할 수 있도록 도왔다. 더 중요한 것은 변경선교사역의 전개였다. 교회의 서천西遷으로 종전 소수의 사람들만 관심을 갖고 있던 소수민족을 새롭게 접촉하는 계기가 되었고, 이를 통해 소수민족에 대한 선교적 이상異象을 꿈꾸게 되었다. 중화기독교회는 먼저 꾸이조우貴州 꾸이랑貴讓에서 사역을 시작했고 운남云南지역의 일부 소수민족도 복음을 접하게 되었다. 변경선교사역은 항일전쟁이 종료된 후에도 지속적으로 학생사역과 연합하여 진행되었다. 많은 청년들이 자신의 모든 것을 내려놓고 평생을 오지에 묻혀 변경에 복음을 전하고자 했다. 그 중 한 사람이 인구에 회자되는 「무명의 전도자에게 바침獻給無名的傳道者」이란 글을 지었던 비엔윈포邊雲波였다.

외부의 지원이 부족해지자 의료 · 교육 · 사회봉사 등 교회선교사역의 규모는 크게 감소되었다. 자연히 경제적인 부담도 함께 줄어 교회의 자양정책은 그런대로 진행될 수 있었다. 화서지역에서 사역하던 소수의 선교

67) 전국총회가 1931년에 설립됨

사들을 비롯한 대부분 선교사들이 후방으로 철수하지 않았던 상황에서도 항전시기의 후방은 교회발전의 중심지로 성장하고 있었다. 외국선교단체의 지원이 충분치 않았지만 중국 기독교인들이 모든 일들을 훌륭하게 계획하고 주도한 덕분이었다.

복귀에서 내전으로

1945년 8월 10일, 일본이 무조건 항복을 선포하자 8년간의 기나긴 전쟁이 끝났다. 항전 승리 이후, 이전했던 각 교회기관들은 속속 원래 지역으로 복귀했고, 교회학교도 복귀하여 수업을 재개하였다. 선교사들은 아군 수용소에서 나오고 외국으로부터 돌아왔다. 1947년, 중국에서 사역하는 선교사는 약 3,500명 정도였다.

당시 교회가 직면한 가장 큰 어려움은 재정 문제였다. 중국기독교가 가장 왕성했던 화동지역 대도시의 교회들은 재정이 매우 안정적이었지만 항전 중에 일본군의 침략으로 적잖은 건물들이 파괴되고 집기들은 모두 약탈당하는 상황이 초래되었다. 이에 교회 기관들은 거금의 복구자금이 필요하게 되었고 재정은 심각한 문제로 대두되었다. 오랜 전화의 유린을 거치는 과정에서 국내 민생은 어려워지고 경제 불황이 심화되어 교인들이 헌금할 수 있는 능력도 한계에 다다랐다. 이런 상황에서 교회는 외국선교단체의 후원에 기댈 수 밖에 없었다. 특히 전쟁 피해가 비교적 적었던 미국에 대한 의존도는 더욱 커지게 되었다. 규모가 큰 학교 또는 교회가 운영하는 병원처럼 외국의 지원을 끌어올 수 있었던 일부 기관의 대외 의존도가 더욱 증가하는 추세 속에서 자양은 객관적으로 볼 때 불가능한 일이 되어갔다. 항전 승리 이후, 중국교회의 서양교회에 대한 의존도가 심화되었던 현상은 결과적으로 전쟁 전에 비해 자양 능력이 크게 퇴보했다고 말할 수 있다.

하지만 외국에서 자금을 모금할 방법을 찾지 못한 기관들은 상당수가 문을 닫는 처지가 되었다. 예를 들면, 교회가 운영하는 대부분 소학교는 수업을 재개하기 어려워졌다. 1946년 광조우에는 겨우 14개의 소학교만 남게 되었다. 일부 대학교나 중학교의 부속 소학교만 겨우 명맥을 유지할 뿐이었다. 이는 1920년대의 교육권 회수운동 이후 교회 소학교육이 겪은 또 하나의 엄청난 충격이라 할 수 있었다. 교회 측면에서는 향촌교회와 자립회당도 최대의 경제적 곤란을 겪었다. 적잖은 교회가 재정 결핍으로 교회당 문을 닫으면서 교인들은 흩어지게 되었다.

경제적 어려움 외에 정치적인 문제도 있었다. 여기서 언급하는 것은 독일 선교단체가 설립한 교회에 관한 것이다. 앞에서 말했던 바와 같이, 전시에 독일이 외환통제를 실시하면서 중국에서의 선교사역은 최대의 어려움에 직면하게 되었다. 루터란회(베를린회)의 경우, 광동에 원래 11개의 기지와 48개의 근거점이 있었으나 전쟁 후에는 절반 정도의 근거점이 종교활동을 중단하였고, 교인 숫자도 1936년 4,644명에서 1946년 3,565명으로 22%가 감소했다. 전쟁 이후, 독일인이 중국에서 진행했던 각종 사역들은 적대시되었고, 루터란회 등의 선교단체가 설립한 많은 교회당들은 모두 중국군대에 의해 점거되었다. 이후 세계루터란연합회Lutheran World Federation는 지역감독을 여러 차례 중국에 파견하여 이의를 제기했고, 중국정부는 1948년 말에야 비로소 반환에 동의했다.

교회는 갖은 고난 중에도 부흥과 사역의 뿌리를 굳게 내리기 위해 최선의 노력을 다하였다. 1946년 기독교협진회는 「삼년분진운동三年奮進運動」을 추진하여 국가 재건에 협조하였다. 각 종파와 지역교회들도 연이어 그들의 복귀계획을 확정하였다. 하지만 재정적 한계와 시간이 허락하지 않는 상황에서 성공 여부는 여전히 미지수였다.

소위 '시간이 허락하지 않는 상황' 이란 전쟁 승리가 실제로 중국에 오랜 평화와 안정적 국면을 선사하지 못했기 때문이었다. 먼저 경제적인 측면에서, 다년간에 걸친 전쟁의 충격으로 경제는 완전히 파괴되었다. 설상가상으로 전후 정부관리의 부정부패가 극성을 부렸다. 금융파동을 이용하여 사익을 탐하고, 황금과 외환으로 자산을 전환함으로써 인플레를 야기시켜 3년 만에 통화가 2배로 팽창했다. 물가상승과 금융시장의 전체적인 붕괴, 공상업의 마비로 국민 생활은 극히 궁핍해졌다. 경제적 파산은 이미 궁핍해져 있던 교회재정에 더욱 심한 타격을 가했다. 숭진회崇眞會의 경우, 1946년에 중국 교인의 헌금이 교회수입의 76%에 달했으나 1947년 인플레로 인해 단체의 총지출이 일년 전의 1억 5천 6백만에서 25억 9천여 만 원으로 폭증함으로써 교인 헌금이 교회 지출의 46%로 감소했다. 나머지 부족한 재정은 독일 선교단체와 미국 루터란회의 도움을 받았다. 중국교회가 1949년까지 외국 선교단체의 원조에 많이 의존하고 있었다는 점은 교회가 당면한 정치적 변화에 불리한 영향력을 행사할 수밖에 없게 만드는 원인이 되었다.

생계가 불안정한 가운데 사회는 동요하기 시작했다. 농촌 각 지역은 비적匪賊이 출몰하여 민가를 약탈하는 사건이 자주 발생하는 등 치안이 극히 불안해졌고, 교회도 약탈 대상이 되었다. 도시는 민생의 궁핍으로 지식인과 학생의 불만이 높아져 학생시위가 자주 발생했다. 그들은 순회시위로 정부의 부패와 무능에 항의하고 '반기아 · 반내전' 의 구호를 제창했다. 당시 학생들은 표적을 정부뿐만 아니라 미국에도 겨냥했는데, 이는 정부가 부패하게 된 배후에 미국의 동조가 있었다고 인식했기 때문이었다. 1946

년 12월, 북경대학 예비반이었던 19세 여학생이 미국군인에 의해 강간당하는 사건이 발생하여 전국적인 학생시위가 일어났고 20개가 넘는 도시의 학생들이 참가했다. 민족주의 정서가 다시 고양된 것이었다.

학생운동이 빈번하게 발생하는 상황과 중국공산당의 정책과 영향력은 대단히 밀접한 관계에 있었다. 외곽조직을 만들어 당원들을 사회와 학생운동에 침투시키고 지도권을 장악했을 뿐만 아니라 대학교와 중학교에 잠입시켜 지하당원과 지하학생연합을 발전시키고 학생운동을 조직하였다. 교회학교도 예외가 아니었다. 링난대학嶺南大學을 예로 들면, 1949년 전에 지하공작원 약 100명이 '가家'[68]로 위장하여 그들의 활동을 은폐했다.

1947년 7월, 국공회담이 실패하자 내전이 시작되었다. 공산군이 점차 승리를 거두었고, 일년이 못되어 산동과 랴오시遼西 지역을 점령하였다. 다시 말하면, '예수가정耶蘇家庭'이 중국공산당의 통치 아래로 들어가게 된 것이다. 1949년 1월, 중국공산당 세력은 파죽지세로 쉬조우徐州를 함락시키고, 이 곳에서부터 강남의 문을 열기 시작하자 국민정부정권은 더욱 위급하게 되었다. 쟝제스蔣介石가 총통직을 사임하고 리종런李宗仁이 취임했다. 2월, 국민정부가 광조우로 남천함으로써 국토의 절반이 중국공산당의 수중에 넘어가게 되었다.

교회는 정치 판도를 의식하지 않을 수 없었다. 1946년 8월, 협진회는 「중국기독교 시국선언」을 발표하고 당시의 정치적 위기에 대한 견해를 표했고, 12월에는 제13회 연례회의를 소집하여 「기독교와 공산주의」를 주제로 토론을 진행했다. 1948년, 중국공산당은 현정권의 어두운 부분을 대대적으로 폭로했고, 선교단체와 교회도 연이어 회의를 소집하여 대응책을

---

68) 종교활동 소조직

강구하기에 이르렀다. 1월 중화기독교 순도공회 화남교구가 홍콩에서 연례회의를 개최했고, 8월에 협진회 광동분회도 「화남기독교 사역검토회」를 개최했으며, 11월 초에는 협진회가 전국회의를 개최하는 등 교회의 대응책이 중점적인 토론주제였다. 대체적으로 기독교회는 미래의 무신론을 표방하는 신정권에 두려움을 느끼고 있었고, 필연적으로 교회와 각종 사역에 좋지 않은 영향을 미칠 것으로 보고 최악의 경우를 대비하였다. 일부 교회 단체는 중국에서 홍콩으로 이전하여 사역을 계속 진행하자고 주장했지만 일부 인사들은 자리를 지키고 본분을 다하자고 주장했다. 또 소수의 사람들은 기독교가 새로운 대책을 마련하여 새시대에 적응해야 한다고 주장하기도 했다.

실제의 행동 방안을 보면, 먼저 조직과 인사를 새롭게 배치했다. 많은 선교단체들이 본부와 중요 기관을 홍콩으로 이전했고, 중국에서의 체류기간이 길지 않은 젊은 선교사들을 홍콩과 동남아로 보내 새로운 사역을 시작하도록 했으며, 나이가 많고 경험이 풍부한 선교사는 잔류하여 제자리를 지키게 했다. 다음으로 기존의 사역을 더욱 공고히 하고 교인들을 위로하고 민심을 안정시켰다. 선교사역을 강화하는 차원에서 특히 학생과 청년들에 초점을 맞추었다. 리치롱李啓榮과 지즈원計志文 등이 조직한 「청년귀주歸主운동위원회」는 청년들을 개종시키기 위해 최선을 다했다. 교회의 평교인지도자훈련과 성경공부를 강화하도록 격려하는 것도 중요한 방법이었다. 그 밖에, 협진회는 3월과 10월에 각각 교인들에게 「중화전국기독교협진회가 전국 교인들에게 전하는 글中華全國基督教協進會致全國信徒書」을 발표하여 교인들을 격려하고 위로했다. 셋째로 성경 인쇄와 배포를 대폭 증가시켰다. 미래에 발생할 수 있는 만약의 사태를 대비한 것으로 화난華南성경회는 1949년 일년 내에 성경과 복음서 750만권을 출판하기로 결정했고,

이는 선교적인 필요에 맞춰진 것이었다. 마지막으로, 선교단체간 연계와 협력을 강화하는 일이었다. 장래 어떤 불리한 상황에서도 일치된 행보와 행동대책을 마련하기 위함이었다.

1949년 5월, 중국공산당이 상하이를 점령하기 1개월 전에 모트 박사가 중국을 방문하여 협진회는 중외지도자 긴급회의를 개최했다. 모트 박사는 교인들에게 고난을 참고 신앙을 지키라고 격려했다.

일부 교인들은 우야오종吳耀宗이 일찍이 1947년에 중국공산당 지지를 표시했던 것처럼 중국공산당을 적극적으로 환영하는 한편 부패한 정권을 타도하자고 주장하였다.

탈권운동

1949년 10월 1일, 중화인민공화국이 건국되고 연말에는 타이완과 티벳西藏을 제외한 전국이 신정권의 통치 하에 들어갔다.

중국공산당은 건국 이전에 충분한 대비책을 마련해 두었다. 각 기관은 잠복해 있던 공산당원들에 의해 신속하게 접수됨으로써 질서를 잘 유지했다. 더욱이 공산당에 격렬하게 반대했던 인사들은 미리 제거되었으므로 국민들은 심리적인 동요를 거의 느끼지 못했다. 따라서 정권 교체는 대체로 큰 충돌과 저항 없이 순조롭게 진행되었다.

교회는 두려움 가운데 신정권의 도래를 맞게 되었지만 신정권은 의외로 몇 개월 동안 교회에 거의 간섭하지 않았다. 모든 종교활동과 교회학교, 병원사역은 그대로 유지될 수 있었다. 지방 간부가 교회를 박해하는 사건이 가끔 발생하긴 했지만 그다지 심각하지는 않았다. 민심이 다소 안정되자 교회는 사역을 적극적으로 추진해 나갔다.

1950년 1월, 기독교협진회는 「기독교전국회의」를 조직하자고 제안했다. 교회가 새 시대에 대응할 방안을 토론하고, 각종 사역의 추진과 계획을 위한 준비위원회를 조직하는 것이 목적이었다. 그러나 이 회의는 8월에 느닷없이 정회停會를 선포했다. 우야오종 등 중국공산당이 지명한 교회의 새 지도자들이 협진회를 위시한 교회의 기존 지도조직을 배제시키고 교회의 지도력을 쟁취하려고 한 것이 원인이었다. 그들의 방법은 교회의 기존 조직과 회의를 통한 일반적 절차를 따르지 않고 「선언문 서명운동」을 추진하는 것이었다.

여기서 우리가 반드시 염두에 두어야 할 점은 1949년 9월에 중국공산당이 인민정치협상회의를 개최하여 신정부 조직을 통과시켰다는 것이다. 이 회의에는 기독교 인사 우야오종 · 류량모劉良模 등 5명이 참가했다. 이 5명의 선출과정에 대해 류량모는 "그 해 8월, 나는 뉴욕에서 조우周총리가 공펑_澎 동지를 통해 나에게 보낸 전보를 받았다. 얼마 후 베이징에서 개최되는 제1회 중국인민정치협상회의(이후 정협)에 참가할 것을 요청하는 내용이었다"고 말한 바 있다. 우야오종과 류량모 등이 기독교 대표가 된 것은 중국공산당 고위층의 지명에 의한 것으로 볼 수 있고, 이후 그들은 교회의 지도자이자 개혁의 추진자가 되었다.

그러나 당시 우야오종과 류량모 두 사람은 전체 기독교회 내에서 지위가 높지 않았다. 우씨는 청년회 출판부의 주임이었고 류씨는 청년회 사역부 주임 정도였다. 그들이 기존의 각종 교회조직과 틀을 뛰어넘으려면 하나의 새로운 운동을 추진해야 했는데, 이는 실로 매우 힘든 일이었다. 정협이 종료된 후, 우씨와 류씨는 정협 종교계 민주인사대표의 신분으로 기독교청년회 · 여청년회와 협진회 그리고 중화 기독교회 전국총회에 각기 대표[69]를 파견하여 하나의 방문단을 구성하고 각 지역교회를 방문하자고 요청했다. 이 방문단의 목적은 두 가지로서 첫째는 각 지역교회에 정협과 공동강령의 결의안을 전달하는 것이고, 둘째는 각 지역교회의 상황을 이해하기 위함이었다. 방문단은 기독교의 정협위원들이 소집했으므로 단장은 당연히 우야오종이 맡았다.

그들은 항조우 · 난창 · 창샤 · 우한 · 카이펑開封 · 시안 · 지난 등지를 방문했다. 각 지역정부 수장들의 열렬한 환영을 받았고 우야오종의 명망과 지위는 확고하게 구축되어갔다. 방문단은 1950년 4월에 베이징에 도착했고, 5월에 조우은라이周恩來 총리가 세 차례에 걸쳐 그들을 접견했다. 총리와의대담에 베이징과 텐진 지역의 기독교지도자 19명이 초청받아 배석했다. 우야오종 등은 각지에서 지방간부들이 교회를 우롱했던 백 여건의 사건을 수집하여 조우총리에게 문제를 제기하고 정부가 종교문제의 처리에 신경을 써 줄 것을 요구했다. 하지만 조우총리는 당시 교회가 겪고 있는 어려움은 국민들이 기독교를 배척하고 있음을 반영하는 것으로서 기독교가 제국주의와의 역사적인 연결고리를 끊지 않았기 때문이라고 반박했다. 만약 교회 스스로 먼저 이 문제를 해소하지 않으면 직면한 문제를 해결할 방법이 없다고 말했다.

우야오종 등은 "조우총리의 지적과 정협 종교부 책임자 천치아이陳其瑗의 지원으로심도 깊은 토론과 연구를 통해 기독교가 불평등조약의 산물이기 때문에 국민들이 수용하지 않는다고 인식"하게 되었다. 따라서 교회는 반드시 내부개혁이 필요하다고 느끼고 「중국기독교의 새로운 중국건설가운데 노력의 지름길」이란 선언문을 작성하게 되었다. 선언문은 중국교회가 공동강령을 철저하게 옹호하고 정부의 각 정책을 지지하며, 최선을 다

69) 투위칭途羽卿 · 등위즈鄧裕志 · 아이녠싼艾年三 · 추이셴샹崔憲詳

해 자치 · 자양 · 자전의 교회를 건설해야 한다고 밝혔다. 뿐만 아니라 "교인들은 제국주의가 중국에서 저질렀던 죄악을 분명히 인식하고, 과거에 제국주의가 기독교를 이용했던 사실을 알아야 하며 기독교 내부의 제국주의 영향을 제거해야만 한다. 제국주의 특히 미국제국주의가 종교를 이용하여 반동세력을 육성하려는 음모를 경계해야 한다"고 선포했다. 선언문이 기초된 후, 40명의 중국교회 지도자를 요청하여 발기인으로 삼고 선언문을 각지로 보내 교회인사들이 서명하도록 강요했다. 서명 운동은 이처럼 추진된 것이다.

이 선언문은 기존의 교회조직과 주류세력의 주도하에 토론과 기초를 거쳐 발표한 것이 아니라는 점에 주의해야 한다. 40명의 발기인도 개별적인 요청과 개인신분으로 참가했다. 이렇게 현행의 정규 절차를 벗어나 비정상적인 방법을 사용해야 했던 데에는 두 가지 원인이 있었다. 첫째로 교회 지도층가운데 반대세력이 너무 많아 선언문이 기존의 제도 내에서 통과되기는 불가능했고, 둘째는 우야오종 등이 선언문을 통해 자신들을 추종하는 군중의 힘을 결집시키고 기존의 교회 조직을 탈피하여 새로운 출발을 위한 탈권奪權운동을 전개하려는 의도를 품고 있었다는 것이다. 이후의 추진과정 속에서 이 두 가지 요인이 분명히 존재했음을 확인할 수 있다.

우선 당시 교회내부의 많은 사람들이 선언문에 반대했다. 협진회는 1950년 10월, 상하이에서 제14회 연례회의를 개최했다. 대표들은 우야오종의 서명 운동에 반대했을 뿐 아니라 전국 교인들에게 알리는 글을 통해 서명 운동을 저지하는 힘을 모을 계획을 모의하고 기초위원회를 선출하여 초안을 집필하도록 했다. "당시 『삼자혁신선언』의 서명 운동이 활발하게 전개되는 국면에서 초안 기초에 참가한 몇 사람은 두려움을 느끼고 있었고, 함부로 경거망동할 수 없어 회의가 있을 때마다 개인적인 일을 핑계로 참석하지 않았다. 연례회의에 참가한 여러 대표들도 모종의 각오를 해야 했고, 선교사들이 계획하는 반혁신적인 「전국 교인에게 알리는 글」은 완성되지 못했다." 필자가 우매하여 어떤 '형세' 였는지, 왜 '두려움' 과 '각오' 가 생겼는지 분명하게 밝힐 수가 없음을 양해하기 바란다. 대회 도중 명백히 「전국 교인에게 알리는 글」을 초안하기로 동의했고 작성을 맡을 소조小組를 선출했음에도 불구하고 뜻밖에 "경거망동할 수 없고", 회의를 열 수도 없었다. 유일하게 가능한 해석은 정부가 협진회와 교회지도자들에게 엄청난 정치적 압력을 행사하여 그들의 입을 막고, 더 이상의 행동을 못하게 했으며, 육성하려는 새 지도층에게 협력하도록 강요했다는 것이다. 회의 결과 삼자혁신선언 지지를 통과시키고 우야오종을 부주석으로 선출했다. 하지만 이후 협진회는 유명무실해졌다.

다음으로 정부는 확실히 삼자혁신선언의 서명운동을 통해 우야오종 등을 육성하려고 했다는 것이다. 선언이 공포된 후, 「런민르바오人民日報」는 선언을 9월 23일자 신문에 싣고 「기독교 인사의 애국운동」이란 글을 통해 서명운동을 지지했다. "모든 종교의 교인들은 이로부터 정확한 방향을 알게 되었고, 이 방향으로 가야만 종교계는 비로소 자신들의 정상적인 종교 사역을 성취할 수 있다"고 생각했다.

선언문 서명운동은 놀랄 만큼 신속하게 전개되었고, 1950년 8월부터 1951년 4월까지 8개월 동안 서명인이 18만 명에 달했다. 1951년 말까지 32만 명을 넘어섰다.[70)]

---

70) 전국교회의 노약자 · 부녀 · 유아와 문맹자가 45%를 차지했다.

삼자혁신

1950년 6월 한국전쟁이 발발하자 중국과 미국은 한반도에서 전면적인 무력전쟁을 벌였다. 미국정부는 미국 소재의 중국 자산을 몰수했고, 중국도 보복적으로 중국 소재의 미국 자산을 모두 몰수했다. 중국에 소재하는 미국 자산 대부분은 교회의 소유였으므로 교회가 직접적으로 연루될 수밖에 없었다. 1951년 4월, 중국공산당 정무원 종교사무처는 「미국 보조를 받는 기독교단체 처리를 위한 회의」를 개최했고, 전국 각 지역교회는 대표를 파견토록 했다. 그 중 취회소聚會所의 워치만 니倪柝聲와 예수가정의 징뎬잉敬奠瀛도 참가했다. 회의에서 통과된 「미국 보조를 받는 기독교 단체에 대한 처리방안」은 삼자혁신선언에 비해 진일보한 것으로서 이 선언문은 '제국주의는 음흉하게도 기독교를 이용하여 자신들의 침략도구로 삼았다' 는 점을 적시했다. 선언문의 결론은 교회가 반드시 정부 정책을 옹호하고, 적극적으로 항미원조운동抗米援朝運動에 참여해야 하며, 공동강령을 옹호하고 애국주의교육을 강화하는 것이었다.

선언문에서 기독교인은 "정부가 기독교에 잠복해 있는 반혁명분자와 불량분자들을 검거하는 일에 협조하고, 제국주의와 반동파가 삼자운동을 파괴하려는 음모를 밝혀내며, 적극적으로 각 지역 기독교회와 단체가 제국주의분자와 반혁명불량분자에 대한 공소운동控訴運動71) 전개에 협조할 것" 을 요구했다. 따라서 교회 내에서 공소운동은 즉시 전개되었다. 공소대회에서 먼저 선교사 프라이스(F. W. Price, 畢範宇) · 락우드(E. H. Lockwood, 駱愛華)와 중국교회 지도자 천원옌陳文淵 · 량샤오추梁小初 · 구런은顧仁恩 · 주여우위朱友漁를 고발했고, 그들과 미국 선교단체와의 관계를 지적하고 고발했다.

---

71) 고발 · 고소운동

또 회의를 열어「항미원조삼자혁신운동위원회준비위원抗米援朝三自革新運動委員會準備委員」를 구성하고 우야오종을 주석으로 임명했다. 원래 정부가 개최한 회의였지만 결국에는 장래 중국교회의 유일한 지도조직을 설립하는 '삼자' 의 자발성을 여기서 분명히 볼 수 있다. 어쨌든 우야오종은 당시 기독교전국회의에서 정식으로 중국교회의 지도자가 되었다.

삼자준비위원회가 '전달을 잘하고, 고발을 잘하자' 는 구호를 제창함으로서 타인에 대한 고발은 기독교인의 임무가 되었다. 그들의 적극적인 추진에 힘입어 각지에서 공소대회가 계속 거행되었고, 선교사는 미제국주의자로, 중국목사는 교회 불량분자 또는 미제국주의 간첩으로 고발되었다. 5월에서 8월까지 전국 63곳에서 공소대회가 거행되었고 그 해 연말까지 108곳으로 늘어났다. 그 중 상하이 · 난징 · 칭다오 등의 지역은 매우 성공적이었다. 공소대회가 개최된 후, 각 지역에는 '삼자분회三自分會' 가 조직되기 시작하여 1951년 연말에는 총 170곳에 달했다.

공소대회 외에 각 지역교회에서는 계속해서 정치학습을 전개했다. 삼자혁신 학습반을 만들어 시국 정세 이해 · 정치노선과 목회자의 자아비판을 학습시켰다. 1953년 8월 이후에는 모든 목사와 전도사는 목회자 학습반에 참가해야 했다.

당시의 교회상황을 보면, 첫째로 외국원 조가 중단된 후, 많은 교회기관은 유지할 방법이 없었다. 둘째로 기관의 지도자들이 비판과 고발을 당한 후 자유를 상실하게 되자 기관은 갑자기 지도부 공석사태가 발생했다. 셋째로 정치적 압력과 기관 내 일부 인사들의 적극적인 요구[72]로 많은 교

72) 이 점이 가장 의미심장한 내용으로서, 광조우의 쩐광眞光중학과 메이화美華중학은 모두 교내에서 교사들이 학교를 정부에 기부하자고 제안했고, 반대한 사람이 전혀 없어 만장일치로 통과시켜 마무리되었다는 내용이다.

회학교 · 병원 등 기관이 연달아 정부에 넘어가거나 합병 또는 중단되었다.

1950년, 정부의 요구로 교회학교는 지도부를 교체했고, 또 커리큘럼을 수정하여 「변증법유물론과 역사유물론」·「신민주주의론」 등의 정치과목을 개설했다. 그 해 12월, 정부는 일년 내에 중국에 소재하는 제국주의국가가 설립한 교육사업을 접수하고 교회학교를 국민교육 사업장으로 개조할 것이라고 발표했다. 이어 1951년, 정부위원회는 공산당원을 교회학교 교장과 교무주임으로 임명하였다. 교회학교는 차츰 개조되기 시작했고 자진하여 정부의 교육제도 내로 편입되었다. 1953년, 정부가 공식적으로 교회학교의 전면적 등록 취소를 선포함으로써 마침내 기독교교육은 최후를 맞게 되었다.

신학원 방면에서, 정부는 대학부속 신학원의 설립을 반대하고 기독교대학 내의 신학원이나 종교학원을 우선적으로 분리시켜 독립시켰다. 그 후, 입학정원이 대폭 감소하였고, 거기에 각 단체도 신학원을 지원할 경비조차 부족하여 많은 학교들이 운영을 중단하거나 여러 개의 신학원이 하나로 합병되기에 이르렀다. 예를 들면, 1953년 8월에 우야오종은 상하이의 11개 신학원들을 합병하여 진링씨에허金陵協和신학원을 세웠다.

출판사역 방면에서도 유사한 합병상황이 벌어졌다. 1951년, 광학회 · 청년협회서국 · 침례서국과 중국주일학협회가 합병하여 「중화기독교출판협회」를 설립하고 우야오종이 총간사로 임명되었다. 애매하게도 이 협회는 이후에 정부를 대표하여 교회 내부의 출판물을 심사하는 업무를 맡게 되었다. 우야오종이 토로한 바에 따르면, 그들은 1951년 연말까지 상하이 · 한코우 · 청두 등지의 몇몇 중요 기독교 출판사의 서적 1,750종을 심의했고 그 중 절반 이상이 탈정치 · 친미숭미親美崇美 · 반소반공反蘇反共 독소를 포함하고 있다고 밝혔다. 또 삼자 준비위원회의 선전부도 서적을 심의할 권한을 갖고 상하이에서 출판한 40여 종의 기독교 잡지를 심의했으며, 그 중 11종을 정간하도록 정부 관련부서에 회부했다. 이런 엄격한 심의로 교회의 출판사역은 심각한 위기에 직면하게 되었다.

당시 삼자준비위원회는 「텐펑天風」 잡지에몇 편의 글을 싣고 정치적 필요에 맞게 성경을 다시 번역하자고 주장했다. 오늘날 삼자회는 「그 당시가 중국교회 신학이 가장 철저하게 반성했던 시대」라고 말하곤 한다.

정치형세의 변화로 1950년 연말 즈음에는 대다수 선교사들이 중국을 떠났고, 일부는 당국에 의해 체포되었다. 1957년에 중국에 잔류한 선교사 숫자는 채 5명에도 미치지 못했다.

1954년, 여러 차례의 공소대회와 개조를 겪은 후 교회는 대부분 삼자의 관리 하에 들어가게 되었다. 7월, 삼자혁신운동 위원회 준비위원회는 북경에서 「중국기독교전국회의」를 개최했다. 우야오종은 이 회의에서 삼자혁신선언문에 서명한 서명인이 41만 4천명에 달하고 이는 전국 70만 교인의 2/3를 차지하며, 외국선교사들과 중국에 설립되었던 외국 선교단체의 모든 산하기관은 중국에서 이미 철수했다고 천명했다. 이 회의에서 공식적으로 「중국기독교 삼자애국운동위원회」가 발족되었고, 이는 정부가 인정하는 중국교회 내 기구가 되었다.

큰 종파에 소속된 교회는 교육 · 의료 등 대규모 교회사역을 진행하고 있었기 때문에 자치 · 자양 능력이 매우 저조하여 외국선교단체의 원조에 많이 의존하고 있었다. 하지만 선교사들이 철수하고 경비 지원이 중단되자 급속도로 붕괴되어 결국 삼자 진영으로 편입될 수밖에 없게 되었다. 그러나 소수의 중국자립교회는 여전히 신앙의 자유를 내세우며 삼자를 반대했고, 삼자회는 이런 교회들을 새로운 표적으로 삼았다. 하지만 그들은 이미 자치 · 자양하고 있었고, 제국주의분자 · 미제의 주구 등 표현은 그들에게 아무런 효과가 없었으므로 다른 방법을 찾아야만 했다. 1955년 8월, 줄곧 삼자 가입을 반대했던 왕밍다오王明道는 '반혁명'이란 죄명으로 체포되었다. 10월 29일, 중국공산당은 삼자 이외의 그 어떤 기독교활동도 모두 위법으로 간주한다고 발표했다. 이는 삼자회만이 유일한 기독교회라는 의미로서 삼자회 외의 모든 교회가 체포를 당할 수 있는 명분이 되었다. 1956년 1월, 중국공산당은 워치만 니의 반혁명집단을 해체시켰다고 발표했지만 실제로 워치만 니는 1952년 4월에 체포되었고, 정부 발표는 그가 체포된 지 4년이 지난 후였다. 그는 제국주의와 국민정부 지지 · 민중운동 반대 · 청년 문란 · 생산 파괴 · 음란 등의 죄명으로 15년 형의 선고를 받았다. 소군교회는 개조되어 공식적으로 삼자회에 가입하게 되었다.

여기까지 교회개조운동은 조직 측면에서 완비되었다. 하지만 교인의 개인적인 반항과 저항은 어쩔 수 없는 것으로 삼자회 외의 불법종교집회도 아주 보편적으로 진행되었다. 중요한 점은 적극적으로 삼자운동을 추진했던 사람들 중에도 실제로는 서로 다른 견해를 가진 인사들이 상당히 많았다는 것이다. 예를 들면 전 총칭신학원장이자 6인의 부주석 중 한 사람이었던 천총꾸이陳崇桂는 제국주의의 중국 침략에 대한 반감으로 형성된 민족주의적 감정으로 삼자에 투신한 인물이었지만, 그는 삼자회의 방법에 동의하지 않았고 중국공산당 관리가 기독교를 모욕하고 압제하는 것에 유감을 표시했다. 그는 1957년 3월 명방운동鳴放運動 73)기간에 공개적으로 정부의 행위를 비난했다. 하지만 그 후 반우파운동 중에 우야오종 등의 비판을 받기도 했다. 만약 우리가 먼저 이분법적인 선악기준이나 어떤 음모이

73) 지식인과 학생들이 자신의 의견을 기탄없이 발표할 수 있도록 보장한 것으로, 중국공산당은 "말한 자는 죄가 없고 들은 자는 반성해야 한다[言者無罪聞者足戒]"고 선포하여 온 국민이 공산당의 숙당운동肅黨運動을 도와줄 것을 제기하였다.

론을 미리 수립하지 않고, 삼자에 참가한 인물을 사탄으로 설정하지만 않는다면, 당시 다양한 기독교인들의 정치와 종교에 대한 선택 여부를 연구함으로써 우리가 전체적인 삼자역사의 진상을 이해하는데 많은 도움을 받을 것으로 필자는 믿는다. 하지만 이는 이미 지난 얘기일 뿐이다.

「그리심」의 교회사에 관한 도서

● **대중적 신앙 2** (모나크 교회역사 시리즈)
아이보르 J. 데이비드슨 · 라은성 역 · 528면 · 신국판 · 양장

● **개혁과 투쟁 4** (모나크 교회역사 시리즈)
루돌프 W. 하인즈 · 원종천 역 · 544면 · 신국판 · 양장

● **기독교와 서양문명**
임희완 저 · 656면 · 신국판 · 양장

●**서양문명의 정체성(헤브라이즘과 헬레니즘의 만남)**
임희완 저 · 360면 · 신국판 · 반양장

● **초대교회의 신학자들**
G.R 에반스 · 박영실 역 · 410면 · 신국판 · 반양장

● **하나님과 인간, 그리고 시산(기독교적 역사이해)**
어얼 E. 케이른스 · 박영실 역 · 264면 · 신국판 · 반양장

● **초대교회사**
서요한 · 664면 · 신국판 · 양장

● **중세교회사**
서요한 · 892면 · 신국판 · 양장

● **종교개혁사**
서요한 · 832면 · 신국판 · 양장

● **르네상스와 종교개혁**
윌리엄 에스텝 · 라은성 역 · 655면 · 신국판 · 양장

● **로마카톨릭주의와 복음주의**
가이슬러 · 맥켄지 · 라은성 역 · 746면 · 신국판 · 양장

● **교회사 안에 나타난 이단과 정통**
헤롤드 O. J. 브라운 · 라은성 역 · 704면 · 신국판 · 양장

● **역사신학 (상)**
커닝험 · 라은성 역 · 상 - 812면 · 신국판 · 반양장

● **페트루스 다미아니와 중세의 교회개혁운동**
김봉수 · 464면 · 신국판 · 양장

● **교부들의 신학사상**
조병하 · 430면 · 신국판 · 반양장

● **한부선 평전**(가장 한국적인 미국 선교사)
박응규 · 512면 · 신국판 · 양장

● **교리속 종말론**
로버트 도일 저 · 박응규 역 · 472면 · 신국판 · 양장

● **교양인을 위한 간추린 서양이야기**
강남수 · 256면 · 신국판 · 반양장

● **신학적 입장에서 본 장로교회사**
신종철 · 480면 · 신국판 · 양장

● **위대한 여인들의 발자취들 : 초대교회 편**
라은성 · 416면 · 신국판 · 양장

● **천상의 누이들 : 중세교회 편**
라은성 · 456면 · 신국판 · 양장

● **이단과 정통 (학생용 · 일반신도용)**
라은성 · 456면 · 신국판 · 양장

● **라은성 교수의 교회사 맥잡기 시리즈(학생 교재용)**
라은성 · 200면 · 신국판 · 반양장

● **하나님 마음에 합한 사람(인물 소개)**
권태경 · 248면 · 변형사륙배판 · 반양장

● **중국기독교사**
조 훈 · 259면 · 신국판 · 반양장

● **중국에 축복이 임하다**
량자린 · 214면 · 신국판 · 반양장